Christine Coster

LUX 2

LATIN : DEUXIÈME ANNÉE

de boeck

Remerciements

Au terme du travail de rénovation de nos manuels du premier degré, nous tenons à exprimer une fois encore notre gratitude envers Monsieur J. Marneffe, Inspecteur honoraire de l'enseignement secondaire. Jamais il n'a cessé de nous prodiguer encouragements et conseils.

Nous remercions également notre Inspectrice actuelle, Madame N. Du Champs-Dubigk, pour sa disponibilité et son écoute.

Les auteurs

Titres de la collection

Lux I – Le latin en première année

Lux II – Le latin en deuxième année

Lux III – Le latin en troisième année

Lucerna – Le latin en quatrième année

Ad Lucernam – Préparation

Lumina – Le latin en cinquième et sixième années

Ad Lumina – Préparation

Illustrations et dessin de couverture de Benoît Fauviaux

L'éditeur remercie tous ceux qui ont accepté de lui accorder l'autorisation de reproduire, dans cet ouvrage, des documents dont ils détiennent les droits de reproduction.

En dépit de ses recherches et sollicitations, l'éditeur n'a pu joindre certains ayants droit. Qu'ils soient avertis ici qu'il reste à leur disposition pour satisfaire, le cas échéant, à la législation sur le droit d'auteur.

Pour toute information sur notre fonds, consultez notre site web : www.deboeck.com

6e édition
3e tirage 2009

Imprimé en Belgique

Dépôt légal : 2005/0074/236

ISBN 978-2-8041-4970-3

Avant-propos

Cette sixième édition de Lux 2 a été conçue dans la même optique que la **rénovation** de Lux 1

- une présentation nouvelle, plus attrayante, plus actuelle
- une référence systématique aux compétences mises en œuvre
- quelques modifications de contenu visant à stimuler l'intérêt des élèves : jeux portant sur la civilisation, proverbes à découvrir au fil des étapes, diversification des centres d'intérêt sous la forme d'une étape 2 complètement différente de celle de l'ancienne édition.

Par ailleurs, Lux II reste fidèle à son optique fondamentale :

- découverte de la langue par les textes, l'objectif primordial restant la version
- progression rigoureuse de l'apprentissage
- variété des exercices et autres activités proposées aux élèves
- ouverture à la civilisation antique

Composition du manuel

1. TEXTE DE BASE

Il s'agit de textes authentiques d'auteurs latins : parfois des coupures et de légères modifications y ont été apportées, pour éviter des anticipations qui créeraient la confusion dans l'esprit des élèves. Une liste de ces modifications figure en page 170.

Ces textes ont été choisis en fonction de la progression grammaticale et du centre d'intérêt, de manière à pouvoir développer chaque fois un thème de civilisation différent.

2. VOCABULAIRE

On retrouve la même présentation que dans lux I : classement par catégories grammaticales; la plupart sont imprimés en **caractères gras** : il n'est pas indispensable que l'élève mémorise les autres, étant donné que leur fréquence n'est pas très élevée[1] et qu'ils ne présentent qu'un intérêt culturel ou étymologique limité.

En vue de faciliter l'apprentissage des mots de vocabulaire, nous avons présenté, parallèlement à ceux-ci, une série de dérivés français « ☼ ». Le professeur pourra évidemment pousser plus loin, et cela pour chacun des mots, cette recherche de dérivation.

D'autre part, si un vocable s'apparente à un mot latin que l'élève connaît déjà, ce dernier est indiqué entre parenthèses.

Une **nouveauté** : chaque page de vocabulaire est assortie d'un proverbe latin, en relation avec le contenu grammatical ou lexical de l'étape, sous l'appellation « Latine loquimur ».

Une liste des temps primitifs élémentaires, regroupant des verbes du vocabulaire de base et des étapes 1 à 5, figure à l'étape 5.

Au début de l'ouvrage figure un **vocabulaire de base** : ce sont les mots à retenir au cours de la première année. Dans cette nouvelle édition, ils sont présentés de deux façons différentes : d'une

1 Cf. Étienne, *Cahier de vocabulaire latin*, De Boeck, 1999.

part selon l'ordre alphabétique, d'autre part selon les catégories grammaticales, dans le but de faciliter une révision en début d'année.

3. SYNTHÈSES

Chaque étape comporte une synthèse des notions à retenir, conçue pour l'élève qui aborde le latin dans le sens de la version.

Ce logo attire l'attention sur un écueil récurrent.

4. « UTILISEZ VOS APPRENTISSAGES »

- En face de chaque exercice figurent deux types de symboles :
  - ✦|✦✦ = exercices incontournables à deux degrés de difficulté
  - ✦✦✦ = exercices de stimulation

  Une bonne maîtrise des deux premiers niveaux est requise pour accéder à l'étape suivante. Quant au troisième niveau, qui fait davantage appel à la subtilité de l'élève, il stimulera celui-ci à affiner sa connaissance de la langue.

n° Ce nouveau sigle figurant en marge de chaque exercice porte un numéro qui renvoie à la liste des compétences en page 9.

- La version ?

  Objectif prioritaire de la méthode, elle est évidemment présente dans les exercices.

En plus des phrases isolées à traduire, nous proposons sous la rubrique

« À l'écoute des Anciens » : un texte authentique.

« Faites vos preuves ! » : un texte remanié .

Ces textes sont assortis d'un vocabulaire complémentaire, où ne sont pas repris les mots figurant dans l'index final.

La rubrique « **Ludus latinus** », remplaçant « La marque du fantôme » de première année, offre un aspect plus ludique, faisant appel à la perspicacité de l'élève.

5. POUR EN SAVOIR PLUS SUR...

On trouvera dans ces pages un choix de textes d'auteurs anciens ou modernes, des commentaires, parfois une synthèse historique en rapport avec le sujet de civilisation abordé dans le texte.

La rubrique « **Allez les débrouillards !** » sollicite la participation active de l'élève, sous la forme de questionnaires, de recherches diverses...

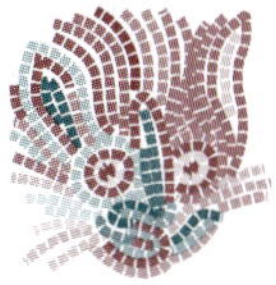

En répondant au défi lancé par la question implicite « **Êtes-vous perspicaces ?** » l'élève associera culture et jeu.

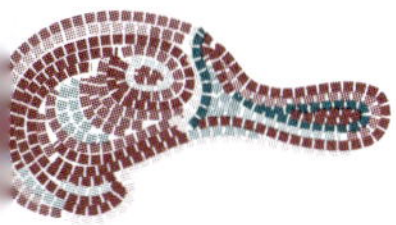

« **Les potins** » reprennent des anecdotes ou des détails pittoresques empruntés à des auteurs anciens et se rapportant au thème de l'étape : petite « récréation » pour l'élève, cette rubrique est une occasion de plus pour lui d'étendre sa culture classique.

Une nouveauté.
À chaque étape l'élève est invité par la bandelette **VOULEZ-VOUS JOUER ?** ⇨ **page xx** à aller découvrir, en fin de manuel, une série de jeux complémentaires à la leçon de civilisation.

6. LE MÉMENTO ET L'INDEX

En fin d'ouvrage, un mémento grammatical présente des tableaux généraux de synthèse sur les déclinaisons, les conjugaisons et l'emploi des cas rencontrés au fur et à mesure du déroulement des leçons.

Suit, sous forme d'un lexique, une liste de tous les mots latins rencontrés dans les textes de base des étapes, classés par ordre alphabétique et accompagnés de leur traduction ; le numéro de l'étape où ils sont apparus pour la première fois est mentionné en marge.

7. CHOIX DE VERSIONS

L'élève trouvera en dernière partie de son manuel un « réservoir » de versions adaptées à chaque étape (comme indiqué en marge). Elles sont réparties en deux catégories.

– « **À la portée de tous** » : versions inspirées d'un texte authentique profondément remanié pour faire coïncider le mieux possible l'extrait et les acquis grammaticaux de la leçon concernée.

– « **Pour les As de la version** » : textes d'auteurs, correspondant au niveau grammatical de l'étape indiquée, mais non remaniés, sauf pour quelques rares mots.

Les compétences à l'honneur

L'apprentissage du latin offre à l'élève une situation privilégiée pour acquérir de multiples compétences ; de nombreuses générations de jeunes latinistes y ont développé leurs aptitudes variées sans qu'elles soient pour autant systématiquement nommées.

Mais la pédagogie d'aujourd'hui met l'accent sur la distinction entre les différents aspects de ces savoir-faire, de ces attitudes qu'il faut mettre en œuvre pour accomplir les tâches qui jalonnent l'apprentissage.

Parmi les **compétences transversales**, nous avons effectué un choix qui nous semble bien refléter celles qui sont particulièrement activées au cours de latin (cf liste infra, dans l'ordre alphabétique). En regard de chaque tâche proposée, le sigle n° accompagnera les numéros correspondant aux compétences plus spécifiquement exercées à ce moment.

Il va de soi, par ailleurs, que certaines compétences très importantes telles que déduire, induire, s'organiser, gérer son temps, participer activement, sont mobilisées intensivement lors du déroulement du cours de latin, mais n'apparaîtront pas nécessairement en regard des exercices proposés dans les pages du manuel.

Quant à la **maîtrise de la version**, objectif primordial du cours, c'est une compétence intégrée qui contribuera largement au développement des compétences transversales.

En ce qui concerne les **compétences terminales**, ou macrocompétences, envisagées dans le programme d'études du 3e degré, elles pourraient paraître un objectif éloigné pour nos élèves de première et de deuxième années ; toutefois, ils s'y préparent en apprenant à mobiliser, dans la mesure de leur progression, de multiples apprentissages pour résoudre des tâches-problèmes complexes, telles que :

- la pratique de la version
- l'analyse des éléments constitutifs d'un texte latin
- l'exploitation étymologique de mots latins
- la réflexion sur des faits de société antique.

LISTE DES COMPÉTENCES LES PLUS SOUVENT MISES EN ŒUVRE

1 analyser

2 appliquer ses connaissances à une situation nouvelle

3 choisir

4 classer

5 comparer

6 comprendre et appliquer un mode opératoire

7 comprendre un message

8 distinguer l'essentiel de l'accessoire

9 gérer son temps, s'organiser

10 hypothèse (travailler par..., vérifier des...)

11 identifier

12 induire et déduire

13 maîtriser mieux la langue française

14 mémoriser – restituer

15 observer – repérer

16 participer activement

17 prendre conscience d'un contexte culturel, de problèmes de société

18 traduire un message, le reformuler

19 travailler en groupe

20 utiliser des outils de travail référentiels

Table des matières

Vocabulaire de base

CLASSEMENT ALPHABÉTIQUE

A

ab	loin de
abicere, io, abieci	jeter (loin)
accipere, io, accepi	recevoir
ad	vers, chez
adulescens, adulescentis	le jeune homme
aedificare, o, avi	bâtir
aedilis, is	l'édile
ager, agri	le champ
agere, o, egi	mener, faire, accomplir, pousser
agitare, o, avi	agiter
alius, a, ud	autre
alter, a, um	l'autre (de deux)
amare, o, avi	aimer
ambulare, o, avi	se promener
amicus, i	l'ami
amphitheatrum, i	l'amphithéâtre
anima, ae	l'âme
animus, i	l'esprit, le cœur, le courage
ante	avant, devant
aperire, io, aperui	ouvrir
Apollo, Apollinis	Apollon
aqua, ae	l'eau
arbor, arboris (F.)	l'arbre
(h)arena, ae	le sable, l'arène
armatus, a, um (part. passé)	armé
Asia, ae	l'Asie
attingere, o, attigi	atteindre
audire, io, audi(v)i	écouter, entendre
aureus, a, um	en or
aureus, i	la pièce d'or
aurum, i	l'or
aut	ou, ou bien
avidus, a, um	avide

B

balneum, i	la salle de bains, le bain
beatus, a, um	heureux
bellum, i	la guerre
bonus, a, um	bon

C

Caesar, Caesaris	César
calidus, a, um	chaud
canis, canis	le chien
cantare, o, avi	chanter
capere, io, cepi	prendre
castigare, o, avi	punir
causa	en vue de, pour
cavere, eo, cavi + ACC.	prendre garde à
centum	cent
certus, a, um	certain, sûr, fixe
ceteri, ae, a (PL.)	tous les autres
circumsistere, o, circumsteti	entourer
circus, i	le cirque
colere, o, colui	honorer, cultiver
comprehendere, o, comprehendi	arrêter, saisir
concurrere, o, concurri	courir ensemble, se rassembler
considere, o, consedi	s'installer, se calmer
constituere, o, constitui	fixer, décider
contra	contre
copiae, arum (Pl.)	les troupes
corpus, corporis	le corps
crudelissimus, a, um	très cruel
cubiculum, i	la chambre
cum + ABL.	avec
cum/ubi + INDIC.	quand, lorsque
cupere, io, cupi(v)i	désirer
cur ?	pourquoi ?
cura, ae	le soin, le souci
curare, o, avi	soigner
currere, o, cucurri	courir

D

dare, o, dedi	donner
de + ABL.	au sujet de
dea, ae	la déesse
decedere, o, decessi	s'éloigner, mourir
defendere, o, defendi	défendre
depellere, o, depuli	chasser
deus, i	le dieu
discere, o, didici	étudier, apprendre
disciplina, ae	l'enseignement
discipulus, i	l'élève
discurrere, o, discurri	courir en tous sens

Vocabulaire de base

diu	longtemps
divitiae, arum (Pl.)	les richesses
docere, eo, docui	enseigner, instruire
doctus, a, um	savant, instruit
dolus, i	la ruse
domina, ae	la maîtresse
dominus, i	le maître (de maison)
domus, us (F.)	la maison
donec + INDIC.	aussi longtemps que
druides, druidum (Pl.)	les druides
ducere, o, duxi	conduire
duo, duae, duo	deux

E

educere, o, eduxi	faire sortir
ego	moi
elephantus, i	l'éléphant
equus, i	le cheval
errare, o, avi	se tromper
esse, sum, fui	être
et = -que	et
ex + ABL.	(hors) de, parmi, d'après
exspectare, o, avi	attendre

F

fabula, ae	l'histoire, la fable
facere, io, feci	faire
fames, famis	la faim
felix (gén. sing.: felicis)	heureux
ferire, io, ferii	frapper
ferre, fero, tuli	porter
ferula, ae	la baguette
fidelis, is, e	fidèle
fieri, fio	devenir, être fait, se faire
filius, i	le fils
fines, finium (Pl.)	le territoire
finis, finis (M.)	la frontière, la limite
flamma, ae	la flamme
flumen, fluminis	le fleuve
frigus, frigoris	le froid
fugere, io, fugi	fuir
funus, funeris	les funérailles

G

gladiator, gladiatoris	le gladiateur
gladius, i	le glaive
Graecus, a, um	grec
Graecus, i	le Grec

H

habere, eo, habui	avoir
hic	ici
hic, haec, hoc	ce ... ci
hic, haec, hoc	celui-ci
homo, hominis	l'homme, l'être humain
hora, ae	l'heure
hostis, hostis	l'ennemi
humanus, a, um	humain

I

ianua, ae	la porte (de maison)
ibi	là
ille, illa, illud	ce ... là
ille, illa, illud	celui-là
immortalis, is, e	immortel
imperare, o, avi	ordonner, imposer, commander
imperator, imperatoris	l'empereur
in + ACC.	dans, en, sur
in + ABL.	dans, en, sur
incendere, o, incendi	incendier
incertus, a, um	incertain
incolere, o, incolui	habiter
ingens (gén. sing: ingentis)	immense
interrogare, o, avi	interroger
intrare, o, avi	entrer
intro	à l'intérieur
invadere, o, invasi	envahir, attaquer
ira, ae	la colère
ire, eo, i(v)i	aller
is, ea, id	ce
is, ea, id	celui-ci
Italia, ae	l'Italie
iter, itineris	le chemin, le voyage
Iuppiter, Iovis	Jupiter
iuventus, iuventutis	la jeunesse

L

laborare, o, avi	travailler, souffrir
laetitia, ae	la joie
latus, lateris	le côté
legere, o, legi	lire
legionarius, i	le légionnaire
liber, libera, liberum	libre
liber, libri	le livre
liberare, o, avi	libérer
littera, ae	la lettre (de l'alphabet)
locus, i	le lieu, l'endroit

longe	loin
ludus, i	le jeu, l'école
lux, lucis	la lumière

M

magister, magistri	le maître (d'école)
magnitudo, magnitudinis	la grandeur
magnus, a, um	grand
maior (gén. sing.: maioris)	plus grand
manere, eo, mansi	rester
manus, us (F.)	la main
Mars, Martis	Mars
maxime	surtout, le plus
maximus, a, um	très grand, le plus grand
medicus, i	le médecin
melior (gén. sing. melioris)	meilleur
mens, mentis	l'esprit
Mercurius, i	Mercure
meus, a, um	mon, ma
miles, militis	le soldat
miser, misera, miserum	malheureux
mittere, o, misi	envoyer
monere, eo, monui	avertir
morbus, i	la maladie
mors, mortis	la mort
multi, ae, a (PL.)	nombreux, beaucoup
mundus, i	le monde
murus, i	le mur

N

natus, a, um (participe passé)	né
navigare, o, avi	naviguer
navis, navis	le navire
nec... nec...	ni... ni...
nemo	personne
Neptunus, i	Neptune
noctu	pendant la nuit
non	ne ... pas
nonne ?	est-ce que ?
nonnulli, ae, a (PL.)	quelques-uns
noster, nostra, nostrum	notre
notus, a, um	connu, célèbre
num ?	est-ce que ?
numerare, o, avi	compter
numerus, i	le nombre
nunquam	ne ... jamais
nuntius, i	le message, le messager

O

obsidere, eo, obsedi	assiéger
oculus, i	l'œil
officium, i	la tâche, la fonction
omnis, is, e	tout
os, oris	la bouche, le visage

P

panis, panis (M.)	le pain
parare, o, avi	préparer
parere, eo, parui	obéir
pars, partis	la partie
passim	en tous sens
patere, eo, patui	être ouvert
paulo	un peu
pectus, pectoris	la poitrine
pecunia, ae	l'argent
per + ACC.	à travers, par
pervenire, io, perveni	parvenir
pes, pedis (M.)	le pied
Pluto, Plutonis	Pluton
poena, ae	la peine, le châtiment
ponere, o, posui	placer, poser
populus, i	le peuple
porta, ae	la porte (de ville)
posse, possum, potui	pouvoir
post	après
post + ACC.	après, derrière
potestas, potestatis	le pouvoir
praeda, ae	le butin
praemium, i	la récompense, le dédommagement
praeterea	en outre, en plus
privatus, a, um	privé
publicus, a, um	public
puer, pueri	l'enfant, le jeune esclave
pugna, ae	le combat
pugnare, o, avi	combattre
pulcher, pulchra, pulchrum	beau

Q

quaerere, o, quaesivi	chercher, demander
quattuor	quatre
quia + INDIC.	parce que
quid ?	quoi ? que ?
quinque	cinq

quis ?	qui ?
quoque	aussi

R

raro	rarement
reddere, o, reddidi	rendre
redimere, o, redemi	racheter
repente	soudain
requirere, o, requisivi	rechercher
respondere, eo, respondi	répondre
revenire, io, reveni	revenir
rex, regis	le roi
ripa, ae	la rive
Roma, ae	Rome
Romanus, a, um	romain
Romanus, i	le Romain
rosa, ae	la rose
rursus	à nouveau

S

sacerdos, sacerdotis	le prêtre
sacrificium, i	le sacrifice
saepe	souvent
saevus, a, um	cruel
salutare, o, avi	saluer
sanare, o, avi	guérir
sanus, a, um	sain, en bonne santé
schola, ae	l'école
scientia, ae	la connaissance
scribere, o, scripsi	écrire
scriptum, i	l'écrit
sed	mais
sedere, eo, sedi	être assis
semper	toujours
sententia, ae	la phrase
servus, i	l'esclave
si + INDIC.	si
silentium, i	le silence
simul	en même temps, ensemble
sine + ABL.	sans
solus, a, um	seul
spectaculum, i	le spectacle
spectare, o, avi	regarder
statim	aussitôt
statua, ae	la statue
stilus, i	le stylet
studiose	avec application
summus, a, um	très haut, suprême
super	au-dessus
super + ACC.	au-dessus de
superbus, a, um	orgueilleux, hautain
supplicium, i	le supplice
suus, a, um	son, sa, leur

T

tabula, ae	la tablette
tempus, temporis	le temps, l'époque
tener, tenera, tenerum	tendre
terra, e	la terre
terrere, eo, terrui	effrayer, terrifier
timere, eo, timui	craindre
tollere, o, sustuli	enlever, soulever
tradere, o, tradidi	livrer, transmettre
transfugere, io, transfugi	déserter, passer à l'ennemi
transire, transeo, transi(v)i	traverser, passer
tum	alors
turba, ae	la foule

U

unus, a, um	un seul
urbs, urbis	la ville

V

valere, eo, valui	être en bonne santé
varius, a, um	varié
vel... vel...	ou bien... ou bien..., soit... soit
vendere, o, vendidi	vendre
venire, io, veni	venir
venter, ventris	le ventre
Venus, Veneris	Vénus
verberare, o, avi	frapper
verbum, i	la parole
vero	en vérité, en réalité, mais
verus, a, um	vrai
via, ae	la route
victoria, ae	la victoire
videre, eo, vidi	voir
viginti	vingt
villa, ae	la maison de campagne
vinum, i	le vin
vita, ae	la vie
vivere, o, vixi	vivre
vivus, a, um	vivant
vocare, o, avi	appeler
volare, o, avi	voler
vulnus, vulneris	la blessure

Vocabulaire de base

CLASSEMENT GRAMMATICAL

NOMS

Première déclinaison (féminins)

anima, ae	l'âme
aqua, ae	l'eau
(h)arena, ae	le sable, l'arène
Asia, ae	l'Asie
copiae, arum (Pl.)	les troupes
cura, ae	le soin, le souci
dea, ae	la déesse
disciplina, ae	l'enseignement
divitiae, arum (Pl.)	les richesses
domina, ae	la maîtresse
fabula, ae	l'histoire, la fable
ferula, ae	la baguette
flamma, ae	la flamme
hora, ae	l'heure
ianua, ae	la porte (de maison)
ira, ae	la colère
Italia, ae	l'Italie
laetitia, ae	la joie
littera, ae	la lettre (de l'alphabet)
pecunia, ae	l'argent
poena, ae	la peine, le châtiment
porta, ae	la porte (de ville)
praeda, ae	le butin
pugna, ae	le combat
ripa, ae	la rive
Roma, ae	Rome
rosa, ae	la rose
schola, ae	l'école
scientia, ae	la connaissance
sententia, ae	la phrase
statua, ae	la statue
tabula, ae	la tablette
terra, e	la terre
turba, ae	la foule
via, ae	la route
victoria, ae	la victoire
villa, ae	la maison de campagne
vita, ae	la vie

Deuxième déclinaison (masculins)

ager, agri	le champ
amicus, i	l'ami
animus, i	l'esprit, le cœur, le courage
aureus, i	la pièce d'or
circus, i	le cirque
deus, i	le dieu
discipulus, i	l'élève
dolus, i	la ruse
dominus, i	le maître (de maison)
elephantus, i	l'éléphant
equus, i	le cheval
filius, i	le fils
gladius, i	le glaive
Graecus, i	le Grec
legionarius, i	le légionnaire
liber, libri	le livre
locus, i	le lieu, l'endroit
ludus, i	le jeu, l'école
magister, magistri	le maître (d'école)
medicus, i	le médecin
Mercurius, i	Mercure
morbus, i	la maladie
mundus, i	le monde
murus, i	le mur
Neptunus, i	Neptune
numerus, i	le nombre
nuntius, i	le message, le messager
oculus, i	l'œil
populus, i	le peuple
puer, pueri	l'enfant
Romanus, i	le Romain
servus, i	l'esclave
stilus, i	le stylet

Deuxième déclinaison (neutres)

amphitheatrum, i	l'amphithéâtre
aurum, i	l'or
balneum, i	la salle de bains, le bain
bellum, i	la guerre
cubiculum, i	la chambre
officium, i	la tâche, la fonction

praemium, i	la récompense, le dédommagement
sacrificium, i	le sacrifice
scriptum, i	l'écrit
silentium, i	le silence
spectaculum, i	le spectacle
supplicium, i	le supplice
verbum, i	la parole
vinum, i	le vin

Troisième déclinaison (masculins-féminins)

adulescens, adulescentis	le jeune homme
aedilis, is	l'édile
Apollo, Apollinis	Apollon
arbor, arboris (F.)	l'arbre
Caesar, Caesaris	César
canis, canis	le chien
druides, druidum (Pl.)	les druides
fames, famis	la faim
fines, finium (Pl.)	le territoire
finis, finis (M.)	la frontière, la limite
gladiator, gladiatoris	le gladiateur
homo, hominis	l'homme, l'être humain
hostis, hostis	l'ennemi
imperator, imperatoris	l'empereur
Iuppiter, Iovis	Jupiter
iuventus, iuventutis	la jeunesse
lux, lucis	la lumière
magnitudo, magnitudinis	la grandeur
Mars, Martis	Mars
mens, mentis	l'esprit
miles, militis	le soldat
mors, mortis	la mort
navis, navis	le navire
panis, panis (M.)	le pain
pars, partis	la partie
pes, pedis (M.)	le pied
Pluto, Plutonis	Pluton
potestas, potestatis	le pouvoir
rex, regis	le roi
sacerdos, sacerdotis	le prêtre
urbs, urbis	la ville
venter, ventris	le ventre
Venus, Veneris	Vénus

Troisième déclinaison (neutres)

corpus, corporis	le corps
flumen, fluminis	le fleuve
frigus, frigoris	le froid
funus, funeris	les funérailles
iter, itineris	le chemin, le voyage
latus, lateris	le côté
os, oris	la bouche, le visage
pectus, pectoris	la poitrine
tempus, temporis	le temps, l'époque
vulnus, vulneris	la blessure

Quatrième déclinaison (masculins)

domus, us (F.)	la maison
manus, us (F.)	la main

ADJECTIFS

Première classe

alius, a, ud	autre
alter, a, um	l'autre (de deux)
armatus, a, um (participé passé)	armé
aureus, a, um	en or
avidus, a, um	avide
beatus, a, um	heureux
bonus, a, um	bon
calidus, a, um	chaud
certus, a, um	certain, sûr, fixe
ceteri, ae, a (PL.)	tous les autres
crudelissimus, a, um	très cruel
doctus, a, um	savant, instruit
Graecus, a, um	grec
humanus, a, um	humain
incertus, a, um	incertain
liber, libera, liberum	libre
magnus, a, um	grand
maximus, a, um	très grand, le plus grand
meus, a, um	mon, ma
miser, misera, miserum	malheureux
multi, ae, a (PL.)	nombreux, beaucoup
natus, a, um (participe passé)	né
nonnulli, ae, a (PL.)	quelques-uns
noster, nostra, nostrum	notre
notus, a, um	connu, célèbre
privatus, a, um	privé
publicus, a, um	public
pulcher, pulchra, pulchrum	beau

Romanus, a, um	romain
saevus, a, um	cruel
sanus, a, um	sain, en bonne santé
solus, a, um	seul
summus, a, um	très haut, suprême
superbus, a, um	orgueilleux, hautain
suus, a, um	son, sa, leur
tener, tenera, tenerum	tendre
unus, a, um	un seul
varius, a, um	varié
verus, a, um	vrai
vivus, a, um	vivant

Deuxième classe

felix, -, - (gén. sing.: felicis)	heureux
fidelis, is, e	fidèle
immortalis, is, e	immortel
ingens (gén. sing: ingentis)	immense
maior (gén. sing. : maioris)	plus grand
melior (gén. sing. : melioris)	meilleur
omnis, is, e	tout

Invariables

centum	cent
quattuor	quatre
quinque	cinq
viginti	vingt

Autres

duo, duae, duo	deux
hic, haec, hoc	ce ... ci
ille, illa, illud	ce ... là
is, ea, id	ce

PRONOMS

ego	moi
hic, haec, hoc	celui-ci
ille, illa, illud	celui-là
is, ea, id	celui-ci
nemo	personne
quid?	quoi? que?
quis?	qui?

VERBES

Première conjugaison

aedificare, o, avi	bâtir
agitare, o, avi	agiter
amare, o, avi	aimer
ambulare, o, avi	se promener
cantare, o, avi	chanter
castigare, o, avi	punir
curare, o, avi	soigner
dare, o, dedi	donner
errare, o, avi	se tromper
exspectare, o, avi	attendre
imperare, o, avi	ordonner, imposer, commander
interrogare, o, avi	interroger
intrare, o, avi	entrer
laborare, o, avi	travailler, souffrir
liberare, o, avi	libérer
navigare, o, avi	naviguer
numerare, o, avi	compter
parare, o, avi	préparer
pugnare, o, avi	combattre
salutare, o, avi	saluer
sanare, o, avi	guérir
spectare, o, avi	regarder
verberare, o, avi	frapper
vocare, o, avi	appeler
volare, o, avi	voler

Deuxième conjugaison

cavere, eo, cavi (+ ACC.)	prendre garde à
docere, eo, docui	enseigner, instruire
habere, eo, habui	avoir
manere, eo, mansi	rester
monere, eo, monui	avertir
obsidere, eo, obsedi	assiéger
parere, eo, parui	obéir
patere, eo, patui	être ouvert
respondere, eo, respondi	répondre
sedere, eo, sedi	être assis
terrere, eo, terrui	effrayer, terrifier
timere, eo, timui	craindre
valere, eo, valui	être en bonne santé
videre, eo, vidi	voir

Troisième conjugaison

agere, o, egi	mener, faire, accomplir, pousser
attingere, o, attigi	atteindre
circumsistere, o, circumsteti	entourer
colere, o, colui	honorer, cultiver
comprehendere, o, comprehendi	arrêter, saisir
concurrere, o, concurri	courir ensemble, se rassembler

considere, o, consedi	s'installer, se calmer
constituere, o, constitui	fixer, décider
currere, o, cucurri	courir
decedere, o, decessi	s'éloigner, mourir
defendere, o, defendi	défendre
depellere, o, depuli	chasser
discere, o, didici	étudier, apprendre
discurrere, o, discurri	courir en tous sens
ducere, o, duxi	conduire
educere, o, eduxi	faire sortir
incendere, o, incendi	incendier
incolere, o, incolui	habiter
invadere, o, invasi	envahir, attaquer
legere, o, legi	lire
mittere, o, misi	envoyer
ponere, o, posui	placer, poser
quaerere, o, quaesivi	chercher, demander
reddere, o, reddidi	rendre
redimere, o, redemi	racheter
requirere, o, requisivi	rechercher
scribere, o, scripsi	écrire
tollere, o, sustuli	enlever, soulever
tradere, o, tradidi	livrer, transmettre
vendere, o, vendidi	vendre
vivere, o, vixi	vivre

Quatrième conjugaison

aperire, io, aperui	ouvrir
audire, io, audi(v)i	écouter, entendre
ferire, io, ferii	frapper
pervenire, io, perveni	parvenir
revenire, io, reveni	revenir
venire, io, veni	venir

Quatrième conjugaison bis

abicere, io, abieci	jeter (loin)
accipere, io, accepi	recevoir
capere, io, cepi	prendre
cupere, io, cupi(v)i	désirer
facere, io, feci	faire
fugere, io, fugi	fuir
transfugere, io, transfugi	déserter, passer à l'ennemi

Irréguliers

esse, sum, fui	être
ferre, fero, tuli	porter
fieri, fio	devenir, être fait, se faire
ire, eo, i(v)i	aller
posse, possum, potui	pouvoir
transire, transeo, transi(v)i	traverser, passer

MOTS INVARIABLES

Adverbes

cur ?	pourquoi ?
diu	longtemps
hic	ici
ibi	là
intro	à l'intérieur
longe	loin
maxime	surtout, le plus
noctu	pendant la nuit
non	ne ... pas
nonne ?	est-ce que ?
num ?	est-ce que ?
nunquam	ne ... jamais
passim	en tous sens
paulo	un peu
post	après
praeterea	en outre, en plus
quoque	aussi
raro	rarement
repente	soudain
rursus	à nouveau
saepe	souvent
semper	toujours
simul	en même temps, ensemble
statim	aussitôt
studiose	avec application
super	au-dessus
tum	alors
vero	en vérité, en réalité, mais

Prépositions + Acc.

ad	vers, chez
ante	avant, devant
contra	contre
in	dans, en, sur
per	à travers, par
post	après, derrière
super	au-dessus de

Prépositions + Abl.

ab	loin de
cum	avec
de	au sujet de

ex	(hors) de, parmi, d'après
in	dans, en, sur
sine	sans

Préposition précédée du génitif

causa	en vue de, pour

Conjonctions de coordination

aut	ou, ou bien
et = -que	et
nec... nec...	ni... ni...
sed	mais
vel... vel...	ou bien... ou bien..., soit... soit

Conjonctions de subordination + indicatif

cum/ubi	quand, lorsque
donec	aussi longtemps que
quia	parce que
si	si

Vocabulaire

NOMS

1re déclinaison (féminins)

Gallia, ae	la Gaule	
lingua, ae	la langue	linguistique
Minerva, ae	Minerve	
Belga, ae	le Belge	
Celta, ae	le Celte	

2e déclinaison (masculins)

Aquitanus, i	l'Aquitain	
Gallus, i	le Gaulois	
Mercurius, i	Mercure	

2e déclinaison (neutres)

bellum, i	la guerre	belliqueux
institutum, i	l'institution, la coutume	
sacrificium, i	le sacrifice	

3e déclinaison (masculins-féminins)

pars, partis	la partie	particule
lex, legis	la loi	légal
Apollo, Apollinis	Apollon	
Mars, Martis	Mars	martial
Iuppiter, Iovis	Jupiter	
druides, druidum (Pluriel)	les druides	

3e déclinaison (neutres)

animal, animalis	l'animal, l'être vivant	

ADJECTIFS

1re classe

Gallicus, a, um	gaulois	
divisus, a, um (part. passé)	divisé	
captus, a, um (part. passé)	pris	capture
tertius, a, um	troisième	tertio
publicus, a, um	public	
privatus, a, um	privé	

2e classe

civilis, is, e	civil	
omnis, is, e	tout	omnivore

Numéraux

tres, tres, tria	trois	trépied
unus, a, um	un, un seul	unique

PRONOMS

alius, alia, aliud	un autre
se (acc.)	soi, eux, se

VERBES

1re conjugaison

immolare, immolo	sacrifier, immoler
procurare, procuro	accomplir

3e conjugaison

incolere, incolo	habiter
colere, colo	honorer, cultiver

Irréguliers

differre, differo	différer, être différent	
ferre, fero	porter	conifère

PRÉPOSITIONS

de (+ abl.)	au sujet de	
in (+ acc.)	dans, sur, en	
inter (+ acc.)	entre, parmi	international
post (+ acc.)	après, derrière	postérieur

CONJONCTIONS

ac	et

Latine Loquimur — Nous parlons latin

Dura* lex, sed lex

*durus, dura, durum = dur

Les Gaulois vus par César 1

Acquisitions grammaticales

Noms

- **tableaux morphologiques** : les 1re, 2e et 3e déclinaisons.
- **syntaxe des cas** : nominatif – accusatif – ablatif.

Centre d'intérêt : La vie en Gaule.

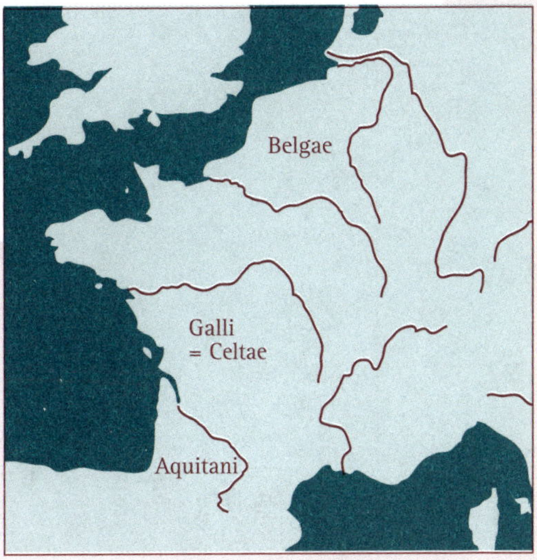

César n'est pas seulement homme de guerre mais il est aussi homme de lettres. Ses deux principaux ouvrages sont le **« De Bello Gallico »** *et le* **« De Bello Civili »**. *Le* **« De Bello Gallico »** *contient, en plus des récits militaires, des descriptions des peuples rencontrés.*

Le peuple gaulois ? Non... Les peuples gaulois !

Gallia est omnis divisa in tres partes. Unam incolunt Belgae, aliam Aquitani, tertiam Celtae. Omnes Galli lingua, institutis, legibus inter se differunt.

Dessin : Th. Colard.

Un peuple religieux

Post Mercurium Apollinem et Martem et Iovem et Minervam colunt. Galli animalia capta immolant. Druides sacrificia publica ac privata procurant.

D'après César, B. G. I, 1, 1 et 12, VI, 13, 5 et VI, 17, 1-2-3 passim.

Synthèse

LES NOMS

I. Tableaux morphologiques

Première déclinaison (féminins)

-A | -AE

	= la rose	
	Singulier	*Pluriel*
Nominatif	ros a	ros ae
Vocatif	ros a	ros ae
Accusatif	ros am	ros as
Génitif	ros ae	ros arum
Datif	ros ae	ros is
Ablatif	ros a	ros is

Deuxième déclinaison (masculins + neutres)

MASCULINS

-US | -I ; -ER | -I

	= l'âme, l'esprit		= le champ		= l'enfant	
	Singulier	*Pluriel*	*Singulier*	*Pluriel*	*Singulier*	*Pluriel*
Nominatif	anim us	anim i	ager	agr i	puer	puer i
Vocatif	anim e	anim i	ager	agr i	puer	puer i
Accusatif	anim um	anim os	agr um	agr os	puer um	puer os
Génitif	anim i	anim orum	agr i	agr orum	puer i	puer orum
Datif	anim o	anim is	agr o	agr is	puer o	puer is
Ablatif	anim o	anim is	agr o	agr is	puer o	puer is

NEUTRES

-UM | -I

	= la guerre	
	Singulier	*Pluriel*
Nominatif	bell um	bell a
Vocatif	bell um	bell a
Accusatif	bell um	bell a
Génitif	bell i	bell orum
Datif	bell o	bell is
Ablatif	bell o	bell is

Troisième déclinaison (masculins, féminins + neutres)

-?	-IS

MASCULINS + FÉMININS

	IMPARISYLLABIQUES		PARISYLLABIQUES	
	= l'homme (= être humain)		= le navire	
	Singulier	*Pluriel*	*Singulier*	*Pluriel*
Nominatif	homo	homin es	nav is	nav es
Vocatif	homo	homin es	nav is	nav es
Accusatif	homin em	homin es	nav em	nav es
Génitif	homin is	homin um	nav is	nav ium
Datif	homin i	homin ibus	nav i	nav ibus
Ablatif	homin e	homin ibus	nav e	nav ibus

NEUTRES

	= le temps, l'époque		= la mer	
	Singulier	*Pluriel*	*Singulier*	*Pluriel*
Nominatif	tempus	tempor a	mar e	mar ia
Vocatif	tempus	tempor a	mar e	mar ia
Accusatif	tempus	tempor a	mar e	mar ia
Génitif	tempor is	tempor um	mar is	mar ium
Datif	tempor i	tempor ibus	mar i	mar ibus
Ablatif	tempor e	tempor ibus	mar i	mar ibus

⚠ pour les Nom. sg. en -E, -AL, ...

En général, sont du genre neutre les noms dont le nominatif singulier est en :

-US (gén. sg. -RIS), -MEN, -E, -AL...

- -US (gén. sg. -RIS) ↓ vulnus, vulneris... corpus, corporis...
- -MEN ↓ flumen
- -E ↓ mare
- -AL ↓ animal

II. Particularités des déclinaisons

A. LA DEUXIÈME DÉCLINAISON (MASCULINS) EN -ER

- La plupart des noms en -ER perdent généralement leur E en cours de déclinaison (modèle : AGER, AGRI).

- Les autres gardent le E à tous les cas (modèle : PUER, PUERI).

PUER, PUERI ≠ AGER, AGRI

B. LA TROISIÈME DÉCLINAISON

La 3e déclinaison (masculins + féminins)

Génitif pluriel en « ium »

pour les **parisyllabiques** (= noms dont le nombre de syllabes est le **même** au **Nom. Sg.** et au **Gén. Sg.**)

Exemple : na · vis , na · vis (1 2, 1 2)

→ Gén. pl. = nav ium

Génitif pluriel en « um »

pour les **imparisyllabiques** (= noms dont le nombre de syllabes est **différent** au **Nom. Sg.** et au **Gén. Sg.**)

Exemple : ho · mo, ho · mi · nis (1 2, 1 2 3)

→ Gén. pl. = homin um

EXCEPTIONS

Les **imparisyllabiques** dont le thème se termine par **2 consonnes** se comportent comme des **parisyllabiques**.

Exemple :

pars, par · tis (1, 1 2)

→ Gén. pl. = part ium (rt : 2 cons.)

Quelques **parisyllabiques**, qui constituent la **« petite famille »**, se comportent comme des **imparisyllabiques**.

Exemple :

ma · ter, ma · tris (1 2, 1 2)

→ Gén. pl. = matr um

« La petite famille »

pater, patris = le père
mater, matris = la mère
frater, fratris = le frère
canis, canis = le chien
senex, senis = le vieillard
iuvenis, iuvenis = le jeune homme
...

LA 3e DÉCLINAISON (NEUTRES)

Remarquons des constantes !

NOM. PL. -A → GÉN. PL. -UM ; → ABL. SG. -E	NOM. PL. -IA → GÉN. PL. -IUM ; → ABL. SG. -I

Dans les déclinaisons NEUTRES, les 3 PREMIERS CAS sont SEMBLABLES :

2e déclinaison (neutres)		**3e déclinaison (neutres)**	
Nom.	bellum, bella	Nom.	mare, maria
Voc.	bellum, bella	Voc.	mare, maria
Acc.	bellum, bella	Acc.	mare, maria

III. Syntaxe des cas : nominatif – accusatif – ablatif

Le NOMINATIF = cas { du **SUJET** d'un verbe ; de l'**ATTRIBUT** d'un sujet }

Exemple :

Gallia est divisa = La Gaule est divisée.

Gallia ↓ Nom. — Gaule ↓ Sujet ↗

Exemple :

Belgae sunt Galli = Les Belges sont des Gaulois

Galli ↓ Nom. ↖ – – – – – – – Attribut ↓ Gaulois

L'ACCUSATIF = (généralement) cas du **COMPLÉMENT DIRECT** d'un verbe

Exemple :

Galli Apollinem colunt = Les Gaulois honorent Apollon

Apollinem : Acc. ↖ – – C. Direct (Apollon)

L'ABLATIF = cas de la plupart des **COMPLÉMENTS CIRCONSTANCIELS** d'un verbe

Remarquez

→ En français, la plupart des COMPLÉMENTS CIRCONSTANCIELS sont **précédés** d'une préposition.

→ En LATIN, l'ABLATIF s'emploie

- **avec** préposition : il suffit alors de traduire celle-ci.
  Galli **in Gallia** vivunt = Les Gaulois vivent **en Gaule**
- **sans** préposition : il faut alors rechercher

  → la nuance du complément

  ? moyen | ? temps | ? cause | ? manière...

  → la préposition qui convient

Gallus gladio pugnat = Le Gaulois se bat { avec / au moyen de } son glaive

gladio ↓ Abl. — ↖ C. Circ. de Moyen

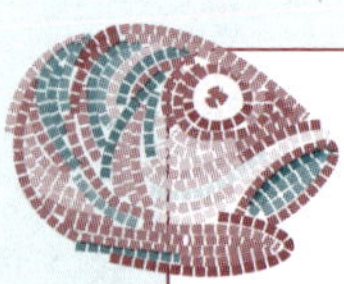

L'accusatif en dépendance d'une **préposition** sert à exprimer un **c. circonstanciel**.

Exemple : Servi ad dominam currunt

dominam ↓ Acc.

= Les esclaves courent chez leur maîtresse

maîtresse ↓ C. Circ.

Utilisez vos apprentissages...

1. DÉCLINEZ ENTIÈREMENT LES NOMS SUIVANTS ✦ 6 14

1. lingua
2. bellum
3. lex
4. pars
5. animal
6. puer
7. homo
8. senex
9. finis
10. populus

2. VOICI UNE LISTE DE NOMS LATINS DÉCLINÉS ✦ 11 4

a) Précisez pour chacun les formes qu'ils ont dans le vocabulaire
b) Replacez-les dans une des rubriques suivantes.

1re D. F. 2e D. M. 2e D. N. 3e D. M/F 3e D. N.

1. gladio
2. regis
3. verba
4. sacrificii
5. adulescentium
6. pugna
7. potestate
8. vulnus
9. flumini
10. pueris

3. ANALYSEZ LES FORMES SUIVANTES SELON LE SCHÉMA QUE VOICI ✦ 15 11

(s'il y a plusieurs solutions, indiquez-les)

Modèle : linguam : *Acc. F. sg. 1re D. F.* : la langue

1. famis
2. pugnae
3. potestati
4. mentium
5. vulneris
6. frigore
7. praemii
8. magnitudinibus
9. officio
10. vitam

4. CONCENTRONS-NOUS SUR TROIS CAS ! ✦ 6 14

Donnez les *Nom., Acc., Abl.* des noms suivants.

1. numerus
2. iuvenis
3. institutum
4. imperator
5. vita
6. magister
7. potestas
8. latus
9. littera
10. hostis

5. REVENONS À CÉSAR

✦ 18 1

Voici des phrases de l'étape 1.
a) Retraduisez-les.
b) Analysez les mots soulignés selon le schéma suivant :
cas – genre – nombre – fonction précise.

1. Unam partem incolunt Belgae, aliam Aquitani, tertiam Celtae.
2. Omnes Galli lingua, institutis, legibus inter se differunt.
3. Galli animalia capta immolant.
4. Druides sacrificia publica ac privata procurant.

6. TRADUISEZ

✦✦ 18 6

a) Traduisez les phrases suivantes dans un français correct.
b) Retrouvez pour les mots en couleurs leur forme dans le vocabulaire.
c) Changez le nombre de ces mots ; attention aux cas !

1. In Gallia instituta legesque inter se differunt.
2. Galli institutis inter se differunt.
3. In Gallia animalia Galli immolant.
4. Caesaris libris Gallorum instituta nota sunt.
5. Antiquis[1] temporibus Galli cum Romanis pugnabant.

7. OUVREZ L'ŒIL !

✦✦ 7 3

Choisissez le mot qui permet de donner un sens à la phrase.

1. Miles (gladium – gladii – gladio) pugnat.
2. Post (victoriae – victoria – victoriam) miles praedam accipit.
3. Druides de (mundo – mundi – munde) cum adulescentibus disputant.
4. Gallorum (legibus – leges – lex) inter se differunt.
5. In multis Galliae (partibus – partes – parte) sunt copiae Romanae.

1 antiquus, a, um = antique, ancien.

2 18 7

« Curiositates »

De Romanis[2]
Pulte, non pane, longo tempore Romani vixerunt.

De Britannis[3]
Omnes Britanni se vitro inficiunt quod caeruleum efficit colorem.

De Gallis[4]
Sacerdos arborem falce aurea demetit.

De imperatore Augusto[5]
Hieme Augustus quaternis tunicis se muniebat.

Vocabulaire

Augustus, i .... Auguste (nom du premier empereur de Rome)
Britannus, i .... le Breton (habitant de la Grande-Bretagne)
caeruleus, a, um ... bleu
color, coloris ...... la couleur
demetere, o .... couper, tailler
efficere, io .... produire, rendre
falx, falcis .... la faux, la faucille
hiems, hiemis ..... l'hiver
inficere, io .... recouvrir, teindre
longus, a, um ... long
munire, io ...... protéger
puls, pultis ..... le gruau d'avoine
qui, quae, quod .. qui (pronom relatif)
quaterni, ae, a ... quatre à la fois
se (acc. m. sg.) .... se, soi
tunica, ae ...... la tunique
vitrum, i .... le pastel (plante dont les Gaulois extrayaient un colorant)
vivere, o .... vivre (ici : vixerunt est au parfait)

15 7

« Les intrus »

Voici un petit texte latin dans lequel se sont glissés par erreur des mots qui n'ont aucun rapport avec lui. Trouvez ces intrus et ensuite traduisez ce texte.

POST DEUM LEGEM MERCURIUM, MARTEM ET IOVEM ET MINERVAM CAPTAM GALLI COLUNT. DRUIDES SACRIFICIA LINGUA PUBLICA AC PRIVATA PROCURANT.

2 Pline, Hist. Nat. XVIII, 8, 83.
3 César, B. G., V, 14, 2.
4 Pline, Hist. Nat. VI, 24, 9.
5 Suétone, Aug. 82, 1.

1. PORTRAIT DE NOS ANCÊTRES [6]

Tous nos ancêtres n'étaient pas aussi grands de taille, aussi blonds et aussi farouches que les Anciens ont bien voulu le dire...

On s'accorde aujourd'hui à penser qu'il y eut plusieurs types en ce qui concerne la taille et la nuance des cheveux. D'une manière générale, on peut dire que les Gaulois étaient moins bruns et plus grands que les Germains. Parmi les Gaulois, les Belges furent à la fois les plus hauts de taille et les plus blonds.

Nos ancêtres prêtaient grande attention aux soins corporels. Leur propreté a été vantée par les écrivains. Ils savaient préparer un savon et ils procédaient à de fréquents lavages de tête à l'eau de chaux pour faire pâlir leur chevelure.

Du reste, ils conservaient les cheveux longs, la moustache pendante, alors qu'ils rasaient leur barbe. Ils raffolaient des colliers et des bracelets, des étoffes aux couleurs voyantes et bariolées si possible de fils d'or.

Ils portaient généralement des chaussures que les Romains appelèrent « gallicae » et que l'on pense être à l'origine des galoches.

Le costume gaulois était éminemment original et heureusement conçu.

Les **BRAIES** étaient un pantalon à larges jambes, laissant bien libres les mouvements du corps et descendant jusqu'à la cheville.

La **SAIE** était un manteau agrafé sur la poitrine, souvent pourvu d'un capuchon qui pouvait se relever à volonté. La laine des moutons était tissée solidement et fournissait l'étoffe des vêtements.

2. LA MOISSONNEUSE... UNE INVENTION GAULOISE ! [7]

Pline et un agronome latin nous ont laissé la description sommaire d'une véritable **moissonneuse** en usage sur les terres de plaine. Il s'agit d'une sorte de tombereau, porté sur roues et qu'un bœuf poussait devant lui. La partie antérieure du tombereau, ouverte et rasant le sol, était munie de dents qui attaquaient les tiges ; les épis coupés tombaient à l'intérieur de la caisse.

Une sensationnelle découverte (1958) effectuée à Buzenol (Belgique) a révélé une représentation gallo-romaine de ce curieux appareil, où les archéologues ont reconnu la moissonneuse gauloise décrite par les textes.

6 Thévenot E., *Histoire des Gaulois*, Que sais-je ? No 206, P.U.F., 6e éd., 1976, pp. 20-21.
7 Ibidem, p. 57.

Trouvé dans le mur de Buzenol, fragment de relief représentant une moissonneuse du 3e siècle P.C.N.

Un morceau de relief retrouvé à Arlon a permis d'en proposer une reconstitution.

3. À LA TABLE DES GAULOIS [8]

Grands mangeurs de blé, les Gaulois étaient aussi grands buveurs de bière. Après le blé, l'orge tenait sans doute la plus grande place dans leurs champs. Accessoirement, l'orge et peut-être d'autres céréales servaient à confectionner un pain de qualité inférieure. C'est là un cas exceptionnel. D'une manière générale, le beau pain blanc de froment faisait le régal des Gaulois et la convoitise des autres peuples.

Par contre, la culture de la vigne, au temps de la conquête, ne s'était pas répandue en Gaule et ne dépassait guère les abords de Marseille. Le vin était une boisson rare et considérée comme un luxe. On échangeait un esclave contre une mesure de vin. Pendant longtemps, un préjugé avait contrarié l'usage de cette boisson. On rangeait le vin parmi les aliments raffinés dont la consommation avait pour effet d'amollir les caractères et de briser le courage. Au Ier siècle, certains peuples belges tels que les Nerviens allaient jusqu'à prohiber l'importation du vin. Les Germains, de l'autre côté du Rhin, pensaient et agissaient de même.

8 Ibidem, pp. 56-57.

Texte 1 17 8

1. D'après ce texte, faites un « portrait robot » de nos ancêtres.
2. Citez deux pièces de vêtements des Gaulois et expliquez en quoi elles consistaient.
3. Par quel procédé les Gaulois éclaircissaient-ils leur chevelure ?

Texte 2 20 7

1. Qui est ce Pline dont parle le texte ? Qu'a-t-il écrit ?
2. Sa description de la moissonneuse gauloise s'avère-t-elle correcte ? Pourquoi ?

Texte 3 8 7

1. À quelles cultures les Gaulois s'adonnaient-ils ?
2. Comment le vin était-il considéré à cette époque ? Développez votre réponse.

Statuette de bronze trévire, 2e ou 3e siècle P.C.N. *(Rheinisches Landesmuseum, Trèves)*

Une invention bien gauloise !

La tonnellerie est une invention, sinon des Gaulois, du moins des Celtes de la Cisalpine. Toujours est-il que les tonneaux gaulois font leur apparition dans l'histoire du siège d'Uxellodunum dans le Quercy en 51 A.C.N. Nous voyons que les assiégés font rouler vers les ouvrages romains des récipients de bois contenant des matières enflammées, récipients que César appelle justement « cupae » et qui étaient apparemment des tonneaux à bière défoncés pour la circonstance.

VOULEZ-VOUS JOUER ? ➪ page 172

Le sanctuaire de Stonehenge (Wiltshire, Grande-Bretagne)

Vocabulaire

NOMS

1re déclinaison (féminins)

duritia, ae	la rudesse, la vie dure
figura, ae	la forme configurer
fovea, ae	la fosse, la trappe

2e déclinaison (masculins)

urus, i	l'aurochs (taureau sauvage)
taurus, i	le taureau tauromachie
Germanus, i	le Germain

2e déclinaison (neutres)

studium, i	le zèle, l'étude studieux

3e déclinaison (masculins-féminins)

venatio, venationis	la chasse
labor, laboris	le travail, la peine, la souffrance laborieux
color, coloris	la couleur incolore
vis	la force
velocitas, velocitatis	la rapidité

3e déclinaison (neutres)

genus, generis	l'espèce, le genre, la race génération

5e déclinaison (féminins)

species, speciei	l'aspect, l'apparence

ADJECTIFS

1re classe

parvus, a, um	petit
Expression : a parvis	dès l'enfance

VERBES

1re conjugaison

durare, o	endurcir endurance

2e conjugaison

studere, eo	s'appliquer à, étudier lat : studium
exercere, eo	exercer

3e conjugaison

consistere, o	consister, s'arrêter

4e conjugaison bis

interficere, io	tuer

PRÉPOSITIONS

infra (+ acc.)	au-dessous de infrastructure

CONJONCTIONS

atque/ac	et

Latine Loquimur — Nous parlons latin

Homo homini lupus*

*lupus, i = le loup

La jeunesse chez les Germains 2

Acquisitions grammaticales

Noms

- **syntaxe des cas** : vocatif – génitif – datif

Verbes

- **classement en conjugaisons** (1re, 2e, 3e, 4e, 4e bis)
- **notion de thème du présent** (= TH_1)
  l'indicatif présent voix active

Centre d'intérêt : La Germanie

Une vie rude…

Vita omnis in venationibus atque in studiis pugnarum consistit : a parvis labori ac duritiae student.

La chasse aux aurochs

Uri sunt magnitudine paulo infra elephantos, specie et colore et figura tauri. Magna vis eorum est et magna velocitas… Germani hos studiose foveis captos interficiunt; hoc labore se durant adulescentes atque hoc genere venationis se exercent.

D'après CESAR, B.G. VI, XXI, 3 - XXVIII, 2 et 3

Synthèse

LES NOMS

Syntaxe des cas : vocatif – génitif – datif

Le **VOCATIF** = cas du **MOT MIS EN APOSTROPHE**
(= nom de la personne à qui on s'adresse)

Exemple :

Paule, non audis ! = **Paul**, tu n'écoutes pas !

↓ *Voc.* — ↓ *Mot mis en apostrophe*

Le **GÉNITIF** = cas du **COMPLÉMENT DU NOM**

Exemple :

Urorum vis magna est = La force des **aurochs** est grande.

↓ *Gén.* — ↓ *Compl. du nom*

COMPAREZ

EN LATIN	EN FRANÇAIS
– **Pas** de **préposition**	– **Préposition** : **de** (du, de la, des)
– Le génitif **précède souvent** le nom qu'il complète.	– Le complément du nom **suit toujours** le nom qu'il complète.

Le **génitif** peut être employé avec les **prépositions « causa »** et **« gratia »** (placées **derrière** le nom) = en vue de.

Exemple :

disciplinae causa = en vue d'un enseignement

Le **DATIF** = (généralement) cas du **COMPLÉMENT INDIRECT** ou d'**ATTRIBUTION** d'un verbe

⚠ Question : À QUI ?, À QUOI ? = datif d'**attribution**

Exemple :

Pueri **labori** student = Les enfants s'appliquent **au travail.**

↓ *Dat.* ↓ *C.O.I*

N.B. *Le* **DATIF** peut également désigner la personne qui reçoit un **AVANTAGE** ou subit un **DÉSAVANTAGE**

⚠ Question : POUR QUI ?, POUR QUOI ?

Exemple :

Sol **omnibus** lucet = Le soleil luit **pour tous.**

↓ *Dat.* ↓ *C. d'avantage*

COMPAREZ

EN LATIN	EN FRANÇAIS
Pas de **préposition**	**Préposition** : À/POUR

LES VERBES

I. Classement en conjugaisons

En latin, les verbes sont **classés en conjugaisons** d'après la **dernière lettre du thème du présent** (= TH_1).

	TH_1 terminé par :	Modèle	Infinitif présent Voix Active
1re conjugaison	-A	**ama**- (= aimer)	**ama-re**
2e conjugaison	-E	**mone**- (= avertir)	**mone-re**
3e conjugaison	Consonne ou « U »	**leg**- (= lire)	**leg -e**[2] **-re**
4e conjugaison	-Ī (long)	**audi**- (= entendre)	**audi-re**
4e conjugaison bis	-Ĭ (bref)	**capi**- (= prendre)	**cape-re**[3]

2 Voyelle thématique.

3 capĕre < capĭ-re car ĭ suivi de R devient ĕ.

Étape 2

QUESTION

L'infinitif **présent** voix active permet-il, à lui **seul**, de déterminer la conjugaison d'un verbe ?

- **Observez**

AMARE ——————————————————————→ 1re conj.
MONERE ——→ MONE -O (TH. terminé par « E ») ——————→ 2e conj.
LEGERE ——→ LEG -O (TH. terminé par 1 cons.) ——————→ 3e conj.
AUDIRE ——————————————————————→ 4e conj.
CAPERE ——→ CAPI -O (TH. terminé par I transformé en E à l'inf. présent) ——→ 4e conj. bis

- **Concluez**

– Les **finales** des infinitifs des **2e conj.**, **3e conj.** et **4e conj. bis** se **ressemblent**.
– Pour les différencier et dégager leur **thème**, il faut **mémoriser** la **1re personne du singulier**.

Attention aux infinitifs en « -ERE » !

-ERE → -EO : 2e conj.
→ -O : 3e conj.
→ -IO : 4e conj. bis (ĭ → ĕ **devant R** !)

II. Temps formés sur le TH$_1$ (voix active)

	1re conj. aimer	2e conj. avertir	3e conj. lire	4e conj. entendre	4e conj. bis prendre
INDICATIF	TH$_1$: **ama-**	TH$_1$: **mone-**	TH$_1$: **leg-**	TH$_1$: **audi-**	TH$_1$: **capi-**
Présent	am o [4]	mone o	leg o	audi o	capi o
	ama s	mone s	leg i s	audi s	capi s
	ama t	mone t	leg i t	audi t	capi t
	ama mus	mone mus	leg i mus	audi mus	capi mus
	ama tis	mone tis	leg i tis	audi tis	capi tis
	ama nt	mone nt	leg **u** nt	audi **u** nt	capi **u** nt
INFINITIF					
Présent	ama re	mone re	leg e re	audi re	cape re [5]

Les verbes de la **4e Conj.** et de la **4e Conj. bis** se conjuguent de la même manière **sauf, notamment, à l'infinitif présent**.

4 amo < ama-o.
5 capĕre < capĭ-re (ĭ suivi de R → ĕ).

Utilisez vos apprentissages...

1. DÉCLINEZ ✦ 6 14

Voici une liste de noms :

1. iuventus
2. poena
3. praemium
4. pars
5. locus
6. mens
7. vita
8. ager
9. magnitudo
10. vulnus

Traitez chacun d'eux selon le modèle suivant :

Nom. sg.	*Gén. sg.*	*Gén. pl.*	*Dat. sg.*	*Dat. pl.*
lingua	linguae	linguarum	linguae	linguis

2. UN PEU DE « DRILL » ✦✦ 7 6

a) Donnez aux mots encadrés la terminaison qui convient pour donner un sens à la phrase.
b) Traduisez :

1. Magnus [senex / domina / adulescens / Gallus] numerus ad druides concurrit.

2. Druides praemia [iuvenis (pl.) / sacerdos (sg.) / Belga (pl.) / magister (sg.)] dant.

3. [Deus (pl.) / Mars deus / Minerva / lex (pl.)] potestatem Romani timent.

3. CHASSEZ L'INTRUS ✦✦✦ 5 3

Barrez les mots qui ne correspondent pas aux cas et nombre indiqués dans la marge.

Gén. sg.	canis – vitae – tempori – libris – scripti
Gén. pl.	generum – ludum – senum – fluminis – praemium
Abl. sg.	numero – lege – discipule – trado – officia
Nom. sg.	parti – lingua – potestas – sacrificia – mare
Abl. pl.	praemiis – regibus – fratris – finis – fabulis

4. INSPIRONS-NOUS DE CÉSAR ✦✦ 18 1

a) **Traduisez** les phrases suivantes dans un français correct.
b) **Analysez** correctement les mots soulignés (cas, genre, nombre, fonction précise).
c) **Changez le nombre** des mots soulignés.

1. Aquitanus Gallus est sed Gallus Aquitanus non semper est.
2. Druides adulescentibus Gallicis disciplinam tradebant.
3. Dei Martis potestatem Galli timebant.
4. Discipuli, cur druidum disciplinam non auditis ?
5. Poenarum magnitudine Gallos druides terrebant.
6. Germanorum adulescentes venationi student.

5. IDENTIFIEZ ✦ 15 11

Pouvez-vous reconnaître avec certitude le numéro de conjugaison des verbes suivants tels qu'ils sont donnés ci-dessous ?
Si c'est le cas, indiquez ce numéro !

appellare	incendo	gaudeo
prohibeo	recipio	interimo
convenire	invitare	laboro
addere	commovere	nescire

6. CONJUGUEZ ✦ 6 14

Conjuguez à toutes les personnes de l'indicatif présent (V.A.) les verbes suivants :
durare – studere – consistere – venire – interficere

7. DÉCOMPOSEZ ✦ 11 15

a) **Séparez** les éléments des formes verbales suivantes.
b) **Précisez** à quelle conjugaison elles appartiennent.
c) **Traduisez-les.**

Modèle : **incol-u-nt – 3e conjugaison – ils habitent**

1. ponunt
2. requiris
3. exercemus
4. considitis
5. perveniunt
6. habere
7. aedificatis
8. attingo
9. cupimus
10. colit

8. COMPOSEZ ✦ 7 6

Complétez les phrases suivantes en mettant les verbes entre parenthèses à la forme de l'indicatif présent qui convient.

1. Adulescens venatione se (durare).
2. Ego in amici villa (vivere).
3. Magnitudine specieque uri adulescentem (terrere).
4. Discipule, cur magistri verba non (audire) ?
5. Ab uris pueri (fugere).
6. Urorum vis maxima (esse) et magnitudo terrifica.

9. EN DIRECT DE LA FORÊT DES CARNUTES !

✦✦ 2 18

Notre envoyé spécial, Caius Curiosus Pulcher, profite de la réunion annuelle sur le territoire des Carnutes pour interroger le druide Humorix sur sa profession.

C.P. E qua regione venis, Humorix ?

H. E finibus Nerviorum venio.

C.P. Nonne via longa est ?

H. Longissima est, atque periculosa ! Sunt multi latrones in silvis.

C.P. Num hic solus es, Humorix ?

H. Minime, non solus sum ; omnes Galliae druides in hunc locum veniunt.

C.P. Quid in hoc loco consecrato facitis ?

H. De sideribus mundoque omnes disputamus ; « magicas potiones » paramus ; sacrificia deis procuramus ; iudices quoque sumus.

C.P. Quid manu tenes ?

H. Falcem auream teneo : nam viscum etiam colligimus.

C.P. Quid...

H. Tempus mihi non est ! Alii druides in concilio me exspectant. Salve, carissime Cai !

Vocabulaire

atque .... et
carissimus, a, um .... très cher
colligere, o .... cueillir
concilium, i .... l'assemblée
etiam .... aussi
hic (*adverbe*) ici
hic, haec, hoc (*démonstratif*) .... ce, cette
iudex, iudicis .... le juge
latro, latronis .... le brigand
longissimus, a, um .... très long
mihi (*datif*) .... à moi
minime .... pas du tout
nam .... en effet
num ? .... est-ce que ?
periculosus, a, um .... dangereux
potio, potionis .... la boisson
procurare, o .... accomplir
qui, quae, quod ? .... quel ?
quid ? .... quoi ? que ?
quoque .... aussi
regio, regionis .... la région
salve .... au revoir
silva, ae .... la forêt
tenere, eo .... tenir
viscus, i .... le gui

Étape 2

10. CHERCHEZ LA FILIÈRE

15 13

Dans la colonne A vous trouverez des mots latins des étapes 1 et 2.
Dans la colonne B vous trouverez des dérivés français des mots figurant en A.

a) **Reliez-les 2 par 2.**

b) **Donnez la définition** des mots figurant en B.

A	B
1. genus, generis	1. élaborer
2. labor, laboris	2. linguiste
3. omnis, is, e	3. aurifère
4. lingua, ae	4. dégénérer
5. ferre, fero	5. omniprésent

2 18 7

Étranges coutumes des Germains

Apud Germanos dotem non uxor marito sed uxori maritus offert : boves, frenatum equum et scutum cum framea gladioque.
Germani proditores et transfugas arboribus suspendunt.

Tacite, Germ. 18, 25 et 12, 1

Vocabulaire

apud (+ *acc.*) .... chez
bos, bovis .... le boeuf
dos, dotis .... la dot (= bien apporté lors du mariage)
framea, ae .... la lance
frenatus, a, um ..... bridé
maritus, i .... le mari
offerre, o .... offrir
proditor, proditoris .... le traître
scutum, i .... le bouclier
suspendere, o .... suspendre
transfuga, ae .... le transfuge
uxor, uxoris .... l'épouse

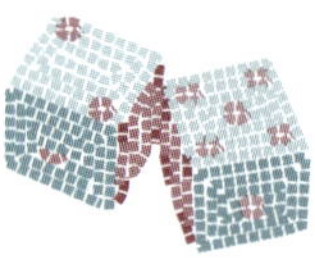

15 7

« La syllabe parasite »

Le texte suivant est infesté par une syllabe parasite qui en empêche toute compréhension... Quelle est cette syllabe ? Maintenant que vous l'avez trouvée, comprenez-vous le contenu du texte ? **Bonne chance !**

ADOSULESOSCENTESOSUROSNONOSTIMOS
ENTETMULOSTOSFOVEISCAPTOSINTEROS
FICIUNTOS.

Pour en savoir plus sur...

la Germanie, une contrée mystérieuse et indomptable

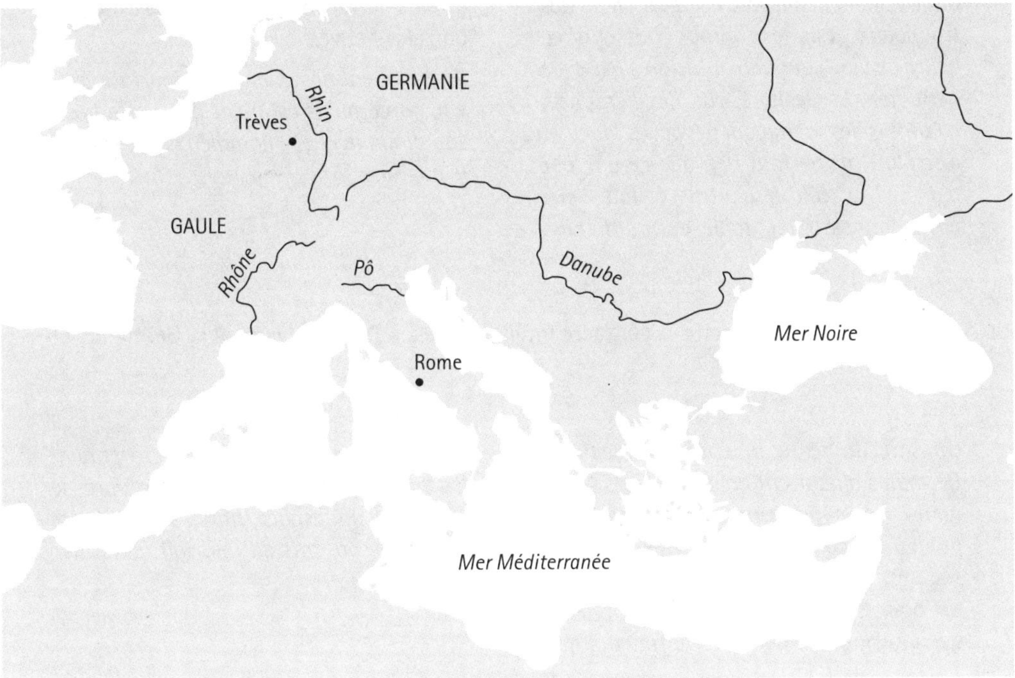

1. LES GERMAINS, UN PEUPLE REDOUTABLE!

Les armées romaines, à plusieurs reprises, ont pénétré les territoires situés à l'est du Rhin. La plus célèbre de ces incursions a été menée par César en 55 A.C.N., grâce à la construction en un temps record – 10 jours! – d'un pont traversant le fleuve, large à cet endroit de 400 mètres au moins! Mais la résistance farouche et efficace des Germains découragea rapidement une pénétration plus avancée dans leurs territoires, même si les Romains s'implantèrent plus tard dans une partie de ces régions.

César, dans son « *De bello Gallico* » nous dresse un portrait révélateur de la société germaine : on peut comprendre qu'ils étaient des adversaires redoutables!

Il n'est pas de plus grand honneur pour les peuples germains que d'avoir fait le vide autour de soi et d'être entourés d'espaces désertiques aussi vastes que possible. C'est à leurs yeux la marque même de la vertu guerrière, que leurs voisins, chassés de leurs champs, émigrent, et que personne n'ose demeurer près d'eux; ils voient là en même temps une garantie de sécurité, puisqu'ils n'ont plus à craindre d'invasion subite.

B.G. VI, XXIII

La propriété privée n'existe pas chez eux, et on ne peut séjourner plus d'un an sur le même sol pour le cultiver. Le blé compte peu dans leur alimentation, ils vivent principalement du lait et de la chair des troupeaux, et ils sont grands chasseurs; ce genre de vie – leur alimentation, l'exercice quotidien, la vie libre, car, dès l'enfance, n'étant pliés à aucun devoir, à aucune discipline, ils ne font rien que ce qui leur plaît –, tout cela les fortifie et fait d'eux des hommes d'une taille extraordinaire.

Ajoutez qu'ils se sont entraînés, bien qu'habitant des régions très froides, à n'avoir pour tout vêtement que des peaux, dont l'exiguïté laisse à découvert une grande partie de leur corps, et à se baigner dans les fleuves.

Ils prohibent absolument l'importation du vin, parce qu'ils estiment que cette boisson diminue chez l'homme l'endurance et le courage.

B.G. IV, I-III

Un autre écrivain romain, Tacite, a consacré un livre entier, « *De Germania* », à la Germanie. En voici un bref extrait.

On sait de reste que les peuples des Germains n'habitent point dans des villes, qu'ils ne supportent même pas des demeures contiguës : ils vivent isolés, séparés, selon qu'une source, un champ, un bois leur a plu. Ils établissent leurs villages non pas avec des bâtiments qui, comme chez nous, s'appuient et tiennent les uns aux autres : chacun entoure sa maison d'un espace libre, soit défense contre les hasards du feu, soit ignorance de l'art de bâtir.

Germ. XVI

La Porta Nigra à Trèves (Allemagne)

2. LES INVASIONS GERMANIQUES : LA FIN DE L'EMPIRE ROMAIN.

Le puissant empire romain ne fut pas éternel; après une longue période de domination – les Romains étaient fiers de dire « Roma caput mundi! » –, l'empire s'affaiblit progressivement, miné par des crises internes et soumis à la pression des invasions des « barbares ». Les Germains y jouèrent un rôle capital. D'une part, les armées romaines intégrèrent dans leurs rangs de plus en plus de mercenaires venus de Germanie. D'autre part, Rome dut faire face à des vagues d'invasion venues de l'est : Burgondes, Francs, Suèves, Visigoths, Vandales, – sans parler des Huns et de leur terrible roi Attila, venus d'Asie pour conquérir une grande partie de l'Europe.

En 455 P.C.N., un chef vandale, **Genséric**, pillait Rome! Le coup de grâce fut donné **en 476,** quand le Germain Odoacre chassa de son trône le dernier empereur romain, Romulus Augustule.

Casque alaman du 6e siècle P.C.N. © Hans Koeh

7 17 13

- **Avez-vous compris les textes ?**

  Pourquoi les Germains aimaient-ils être entourés d'un espace désert ?

  Quelles sont, d'après César, les raisons qui faisaient des Germains des « durs » ?

  Quelle était la caractéristique de leurs villages ? Pourquoi les bâtissaient-ils ainsi ?

  Quel rôle les Germains ont-ils joué dans la fin de l'Empire romain ?

- **Souvenez-vous de votre texte de base**

  Le portrait des Germains ci-dessus correspond-il à l'idée que vous vous en faisiez lors de la traduction du texte sur leur jeunesse ? Pourquoi ?

- **Un peu d'étymologie**

  Retrouvez le nom d'un peuple « barbare » devenu un nom commun en français. Quel est son sens ? À votre avis, d'où vient cette signification ?

  Les Alamans étaient un peuple de Germanie. À quel peuple actuel ont-ils donné leur nom ?

Des animaux étranges!

La Germanie, méconnue des Romains, suscitait d'étonnantes descriptions, reprises par César lui-même*!

Ainsi ces vastes forêts abritaient une sorte de cerf portant au milieu du front une corne unique et énorme! Quant aux élans, ils avaient des jambes sans articulations; incapables de se coucher, et de se relever, ils dormaient debout, appuyés aux arbres, si bien que pour les piéger, les chasseurs germains, quand ils avaient découvert leur retraite habituelle, sciaient les arbres à la base sans les faire tomber, et quand l'élan s'y appuyait, il basculait avec le tronc!

* B.G. VI, XXVI-XXVII

Agrafe de vêtement franc, 6e siècle P.C.N. *(Rheinisches Landesmuseum, Trèves)*

VOULEZ-VOUS JOUER ? ➪ page 173

Palais de l'Ostrogoth Théodoric, 6e siècle P.C.N., Ravenne (Italie)

Vocabulaire

NOMS

1re déclinaison (féminins)

flamma, ae	la flamme	
fuga, ae	la fuite	fugitif
tenebrae, arum (*Pluriel*)	l'obscurité	ténèbres

2e déclinaison (masculins)

Vesuvius, i	le Vésuve	
liberi, orum (*Pluriel*)	les enfants	

2e déclinaison (neutres)

incendium, i	l'incendie	
tectum, i	le toit, l'habitation	protection

3e déclinaison (masculins-féminins)

navis, navis	le navire	
cinis, cineris (*M.*)	la cendre	incinérer
mons, montis (*M.*)	la montagne, le mont	
tremor, tremoris	le tremblement	
odor, odoris	l'odeur	odorant
coniux, coniugis	l'époux, l'épouse	conjugal
parentes, um (*Pluriel*)	les parents	
vox, vocis	la voix	vocal
nox, noctis	la nuit	nocturne

3e déclinaison (neutres)

sulpur, sulpuris	le soufre	

4e déclinaison (masculins)

metus, us	la peur	

5e déclinaison (féminins)

dies, diei (*M.*)	le jour	diurne

ADJECTIFS

1re classe

altus, a, um	haut, élevé, profond	altitude
calidus, a, um	chaud	
densus, a, um	dense, épais	
latus, a, um	large	latitude
latissimus, a, um	très large	
creber, crebra, crebrum	fréquent	
vastus, a, um	vaste, grand	
praenuntius, a, um	précurseur, annonciateur	
multus, a, um	nombreux, abondant	multitude
niger, nigra, nigrum	noir	nègre

2e classe

plures, es, a	plusieurs	pluriel
gravis, is, e	lourd, pénible	gravité

PRONOMS

alius... alius...	l'un... l'autre...

VERBES

1re conjugaison

nutare, o	pencher, s'incliner	
noscitare, o	reconnaître	
perseverare, o	continuer	persévérant

2e conjugaison

relucere, eo	briller	luciole
praevalere, eo	prévaloir, dominer	

3e conjugaison

incidere, o (*+dat.*)	tomber (sur)	incident
vertere, o	tourner, changer	convertir

Expression

in fugam vertere	mettre en fuite	
requirere, o	rechercher	requérir

ADVERBES

iam	déjà, désormais	
interim	pendant ce temps	intérimaire
rursus	à nouveau	
alibi	ailleurs	alibi
illic	là	

PRÉPOSITIONS

e(x) (*+ abl.*)	hors de, venant de

Latine Loquimur — Nous parlons latin

Fugit irreparabile* tempus

* irreparabilis, is, e = irréparable

L'éruption du Vésuve 3

Acquisitions grammaticales

Noms
- **règle des genres.**

Adjectifs
- **tableaux morphologiques :** les 1re et 2e classes.
- **règle d'accord.**

Verbes
- **l'indicatif imparfait, voix active**
- **irréguliers** « esse » (= être) et un de ses fréquents composés : « posse » (= pouvoir).

Centre d'intérêt : Pompéi.

En 1979, la presse internationale a salué le 1900e anniversaire de **l'éruption du Vésuve** *qui détruisit en quelques heures les villes de* **Pompéi** *et d'***Herculanum**. **Pline le Jeune**, *témoin oculaire des événements, nous relate la catastrophe. Au cours de celle-ci périt, entre autres, son oncle, le savant* **Pline l'Ancien**, *victime de sa curiosité scientifique.*

Iam navibus cinis incidebat, calidus et densus. Interim e Vesuvio monte in pluribus locis latissimae flammae altaque incendia relucebant. Flammae flammarumque praenuntius odor sulpuris omnes in fugam vertunt. Crebris vastisque tremoribus tecta nutabant.

Alii parentes, alii liberos, alii coniuges vocibus requirebant, vocibus noscitabant... Tenebrae rursus, cinis rursus multus et gravis erat... Iam dies alibi, illic nox nigra densaque erat. Metus praevalebat. Tremor terrae perseverabat.

D'après Pline le Jeune, VI, 16-20, passim.

Synthèse

LES NOMS

Le genre des noms

1. LE GENRE NATUREL

Sont d'office **masculins** les noms
- d'hommes
- de métiers et fonctions masculins
- d'animaux mâles
- de fleuves.

Sont d'office **féminins** les noms
- de femmes
- de métiers et fonctions féminins
- d'animaux femelles
- d'arbres
- d'îles, de pays, de villes.

CETTE RÈGLE PRIME SUR LA SUIVANTE

2. LE GENRE GRAMMATICAL

Les noms de :
- la 1re déclinaison en | A | AE | sont **féminins**.
- la 2e déclinaison en | US | I | et | ER | I | sont **masculins**.
- la 2e déclinaison en | UM | I | sont **neutres**.
- la 3e déclinaison en | - | IS | sont soit :

Neutres

Nom. sg. en -**us** (génitif sg. -**ris**)
-**men**
- **e, al**

+ os, oris = le visage
+ iter, itineris = le chemin, le voyage
+ caput, capitis = la tête
...

Masculins

Nominatif sg. en -**er**
-**or**
-**os**

Féminins

Autres nominatifs sg. (as, x, o, etc...)

Toute déclinaison comporte des **exceptions** qu'il faut **mémoriser**.
Exemple : finis, is → *masculin*

LES ADJECTIFS

I. Tableaux des déclinaisons

LA 1ère CLASSE

Modèles :

Masculin	*Féminin*	*Neutre*	
bon us	bon a	bon um	= bon
pulcher	pulchr a	pulchr um	= beau
miser	miser a	miser um	= malheureux

Ils empruntent leurs désinences

- à la **1re déclinaison** pour **le féminin**
- à la **2e déclinaison** pour **le masculin et** pour **le neutre.**

	Singulier			*Pluriel*		
	Masculin	*Féminin*	*Neutre*	*Masculin*	*Féminin*	*Neutre*
Nominatif	bon us	bon a	bon um	bon i	bon ae	bon a
Vocatif	bon e	bon a	bon um	bon i	bon ae	bon a
Accusatif	bon um	bon am	bon um	bon os	bon as	bon a
Génitif	bon i	bon ae	bon i	bon orum	bon arum	bon orum
Datif	bon o	bon ae	bon o	bon is	bon is	bon is
Ablatif	bon o	bon a	bon o	bon is	bon is	bon is
modèles =	animus	rosa	bellum			

Nominatif	miser	miser a	miser um	miser i	miser ae	miser a
Vocatif	miser	miser a	miser um	miser i	miser ae	miser a
Accusatif	miser um	miser am	miser um	miser os	miser as	miser a
Génitif	miser i	miser ae	miser i	miser orum	miser arum	miser orum
Datif	miser o	miser ae	miser o	miser is	miser is	miser is
Ablatif	miser o	miser a	miser o	miser is	miser is	miser is
modèles =	puer	rosa	bellum			

Nominatif	pulcher	pulchr a	pulchr um	pulchr i	pulchr ae	pulchr a
Vocatif	pulcher	pulchr a	pulchr um	pulchr i	pulchr ae	pulchr a
Accusatif	pulchr um	pulchr am	pulchr um	pulchr os	pulchr as	pulchr a
Génitif	pulchr i	pulchr ae	pulchr i	pulchr orum	pulchr arum	pulchr orum
Datif	pulchr o	pulchr ae	pulchr o	pulchr is	pulchr is	pulchr is
Ablatif	pulchr o	pulchr a	pulchr o	pulchr is	pulchr is	pulchr is
modèles =	ager	rosa	bellum			

LA 2e CLASSE

Modèles

Masculin	*Féminin*	*Neutre*	*(génitif sg.)*	
omn**is**	omn**is**	omn**e**	(omn-**is**)	= tout
ingen**s**	ingen**s**	ingen**s**	(ingent-**is**)	= immense

Ils empruntent leurs désinences

à la **3e déclinaison** pour { le **masculin**, le **féminin**, le **neutre** }

	Singulier			*Pluriel*		
	Masculin	*Féminin*	*Neutre*	*Masculin*	*Féminin*	*Neutre*
Nominatif	omn **is**	omn **is**	omn **e**	omn **es**	omn **es**	omn **ia**
Vocatif	omn **is**	omn **is**	omn **e**	omn **es**	omn **es**	omn **ia**
Accusatif	omn **em**	omn **em**	omn **e**	omn **es**	omn **es**	omn **ia**
Génitif	omn **is**	omn **is**	omn **is**	omn **ium**	omn **ium**	omn **ium**
Datif	omn **i**	omn **i**	omn **i**	omn **ibus**	omn **ibus**	omn **ibus**
Ablatif	omn **i**	omn **i**	omn **i**	omn **ibus**	omn **ibus**	omn **ibus**
Nominatif	ingen **s**	ingen **s**	ingen **s**	ingent **es**	ingent **es**	ingent **ia**
Vocatif	ingen **s**	ingen **s**	ingen **s**	ingent **es**	ingent **es**	ingent **ia**
Accusatif	ingent **em**	ingent **em**	ingen **s**	ingent **es**	ingent **es**	ingent **ia**
Génitif	ingent **is**	ingent **is**	ingent **is**	ingent **ium**	ingent **ium**	ingent **ium**
Datif	ingent **i**	ingent **i**	ingent **i**	ingent **ibus**	ingent **ibus**	ingent **ibus**
Ablatif	ingent **i**	ingent **i**	ingent **i**	ingent **ibus**	ingent **ibus**	ingent **ibus**
modèles =	adulescens		mare			

Mais attention !

Ablatif sg. (aux 3 genres) en **-i**

Nominatif, vocatif, accusatif au neutre pl. en **-ia**

Génitif pl. (aux 3 genres) en **-ium.**

Il est important de **mémoriser** le **gén. sg.** d'un adjectif de la **2e classe**, afin d'en dégager le **thème**.

Exemples :

ingens, ingent- is → **ingent** - em, is, i...

ferox, feroc- is → **feroc** - em, is, i...

II. Fonctions

Un adjectif peut exercer

- soit la fonction d'**ÉPITHÈTE**

Exemple : In nocte **nigra** omnes fugiebant = Tous fuyaient dans la nuit noire.

- soit la fonction d'**ATTRIBUT**

Exemple : Nox **nigra** erat = La nuit était noire.

III. Règle d'accord

L'adjectif s'accorde en (- cas, - genre, - nombre) **avec le nom** auquel il se rapporte.

⚠ **La terminaison du nom n'influence pas la terminaison de l'adjectif qui l'accompagne : cela dépend de LA CLASSE DE L'ADJECTIF.**

Exemples :

• Cinis **calidus** incidebat.

Nom. M. sg. → Nom. M. sg.

1re classe

La cendre chaude tombait.

• **Gravis** cinis erat.

Nom. M. sg. ← Nom. M. sg.

2e classe

La cendre était lourde.

Accorder ne signifie pas faire rimer !

Exemples :

- ingentes copias, ingentium copiarum, ...
- longum flumen, longo flumine, ...

I. Temps formés sur le TH_1 (voix active)

L'INDICATIF imparfait

1re conjugaison	2e conjugaison	3e conjugaison	4e conjugaison	4e conj. bis
ama ba m	mone ba m	leg **e** ba m	audi **e** ba m	capi **e** ba m
ama ba s	mone ba s	leg **e** ba s	audi **e** ba s	capi **e** ba s
ama ba t	mone ba t	leg **e** ba t	audi **e** ba t	capi **e** ba t
ama ba mus	mone ba mus	leg **e** ba mus	audi **e** ba mus	capi **e** ba mus
ama ba tis	mone ba tis	leg **e** ba tis	audi **e** ba tis	capi **e** ba tis
ama ba nt	mone ba nt	leg **e** ba nt	audi **e** ba nt	capi **e** ba nt

II. Les verbes irréguliers

• ESSE (= être)

INFINITIF	INDICATIF	
Présent	**Présent**	**Imparfait**
(= être)	(= je suis)	(= j'étais)
esse	*Sg.* 1 sum 2 es 3 est *Pl.* 1 sumus 2 estis 3 sunt	*Sg.* 1 eram 2 eras 3 erat *Pl.* 1 eramus 2 eratis 3 erant

• POSSE (= pouvoir)

Principe général : le verbe posse = préfixe **pot** + verbe esse

INFINITIF	INDICATIF	
Présent	**Présent**	**Imparfait**
(= pouvoir)	(= je peux)	(= je pouvais)
posse	*Sg.* 1 pos[1]-sum 2 pot -es 3 pot -est *Pl.* 1 pos -sumus 2 pot -estis 3 pos -sunt	*Sg.* 1 pot -eram 2 pot -eras 3 pot -erat *Pl.* 1 pot -eramus 2 pot -eratis 3 pot -erant

1 Le préfixe **pot-** devient **pos-** devant un s (par assimilation).

Utilisez vos apprentissages...

1. DÉCLINEZ LES GROUPES SUIVANTS À TOUS LES CAS (SG./PL.) ✦ 6 14

1. magnum vulnus
2. mens docta
3. ingens potestas
4. verbum grave
5. miles miser

2. APPARIEZ CHACUN DES NOMS À L'ADJECTIF QUI CONVIENT ✦✦ 11 3

A. fabulis	1. multorum	A ☐
B. vulnus	2. bonarum	B ☐
C. vita	3. immortalem	C ☐
D. patrum	4. felici	D ☐
E. adulescentes	5. magni	E ☐
F. mentium	6. maximum	F ☐
G. fluminis	7. sanos	G ☐
H. deum	8. omnibus	H ☐

3. CHOISISSEZ LA TERMINAISON ! ✦ 11 6

a) **Accordez** correctement l'adjectif avec le nom (s'il y a plusieurs solutions, notez-les).
b) **Traduisez** les groupes obtenus.

1. adulescentes bon...
2. canibus vari...
3. patre felic...
4. regi miser...
5. senum mult...
6. tectis omn...
7. potestate summ...
8. bellum civil...
9. puero doct...
10. scripta ingent...

4. L'ACCORD PARFAIT ✦✦ 3 18

Cherchez l'accord parfait puis traduisez.

1. Cum sene (docto – docte – docta) de monte Vesuvio disputabam.
2. Deis (immortalium – immortalis – immortalibus) Germani sacrificia raro procurabant.
3. (Bono – boni – bonum) militi imperator praedam dat.
4. Donec (felicis – felicem – felix) eras, multos amicos numerabas.
5. Domini corpus servi (fideles – fideli – fidelibus) exportant.

5. JONGLEZ AVEC LES TEMPS ✦✦ 11 6

Donnez
a) l'indicatif présent
b) l'indicatif imparfait
à la 1re et à la 2e pers. du sg. (V.A.) des verbes suivants :
(décomposez la forme en chacun de ses éléments)

aedificare – ducere – docere – cupere – revenire.

6. TRANSPOSEZ ✦ 11 6

Relevez tous les verbes de l'étape 1 et mettez-les à l'imparfait.

7. CHASSEZ L'INTRUS (critère grammatical) ✦✦ 5 3

1. habes – manes – vales – noctes – sedes
2. scribis – agis – capis – incidis – coniugis
3. defendit – educit – quaerit – colit – fugit
4. tectis – flammis – pervenis – vocis – maris
5. morbo – constituo – verto – scribo – fugio

8. FAITES LE BON CHOIX ! ✦✦ 7 6

Conjuguez le verbe (...) à l'imparfait, en choisissant la personne qui convient au contexte.

1. Ego cum druidibus de deorum potestate (disputare) ; et tu, quid (agere) ?
2. Apud[2] Gallos iuventuti sacerdos scientiam (tradere).
3. Matrem liberi vocibus (requirere).
4. In pluribus locis incendia populum in fugam (vertere).
5. Domine, nonne servorum miserorum voces (audire) ?

9. VERSION ✦✦ 1 18

1. Terrae tremoribus crebris villarum tecta incidebant.
2. E Vesuvio monte crudeli incendia maxima relucebant.
3. Pueri parentes, parentes pueros in omnibus locis vocibus requirunt.
4. Navibus cinis incidit et homines in fugam vertit sed Plinius[3] ad Vesuvium properat[4] : nec flammas nec terrae tremores timet.
5. Multi homines de Vesuvio monte Plinii libros legunt et aliis narrant[5].

10. TROUVEZ LA VOYELLE ! ✦✦ 11 6

a) Complétez les verbes suivants par la voyelle qui convient.
b) Traduisez les formes obtenues.

incid•t – dabat•s – er•mus – cav•s – scrib•mus – man•bamus – redim•t – pugn•nt – transfug•s – viv•nt

---

2 apud (+ acc.) = chez.
3 Plinius, i = Pline.
4 properare, o = se hâter.
5 narrare, o = raconter.

11. ÊTRE OU NE PAS ÊTRE ? ✦ 15 11

Traduisez les formes verbales suivantes.

1. possumus
2. estis
3. erant
4. poterant
5. posse
6. poteramus
7. possunt
8. potes

12. VARIATIONS SUR UN GROUPE ✦✦ 1 18

a) Observez bien le groupe « **terrae tremor** » dans les diverses phrases ci-dessous ;
b) Traduisez ces phrases.

1. In pluribus locis terrae tremores homines terrebant.
2. Terrae tremoribus terrificis tecta incidebant.
3. Matres cum liberis a terrae tremore fugiebant.
4. Terrae tremoris magnitudo terrifica erat.
5. Omnes terrae tremorem maxime timebant.

2 18 7

Pline l'Ancien, un savant qui n'a pas froid aux yeux !

Hora fere septima mater mea indicat nubem inusitata magnitudine et specie. Avunculus meus accipit codicillos Rectinae[6]. Vertit ille consilium... Deducit quadriremes, ascendit ipse. Properat illuc unde alii fugiunt rectumque cursum, recta gubernacula in periculum tenet. Iam navibus cinis incidebat...
« Fortes, inquit, Fortuna iuvat. »

Pline le Jeune, Epist. VI, 16, passim.

Vocabulaire

ascendere, o . . . . monter
avunculus, i . . . . l'oncle
codicillus, i . . . . le codicille, le message
consilium, i . . . . la décision, le plan
cursus, us . . . . la course, la trajectoire
deducere, o . . . . faire sortir
fere . . . . presque
fortis, is, e . . . . courageux
Fortuna, ae . . . . la Chance
gubernacula, orum . . . le gouvernail (*ici* : le cap)
illuc . . . . là (direction)
indicare, o . . . . montrer
inquit . . . . dit-il
inusitatus, a, um . . . . . inconnu, inouï
ipse, a, um . . . . lui-même
iuvare, o . . . . aider
nubes, is . . . . le nuage
periculum, i . . . . le danger
properare, o . . . . se hâter
quadriremis, is . . . . . . quadrirème (vaisseau à quatre rangs de rames)
rectus, a, um . . . . droit
septimus, a, um . . . . . . septième
species, ei . . . . l'aspect
unde . . . . d'où (origine)
vertere, o . . . . (*ici* : changer)

10 7

« Courrier secret ? »

À l'approche de la catastrophe, Pline s'empresse d'envoyer un message à un de ses amis ; ne voulant pas affoler le porteur (peut-être trop curieux ?) de la lettre, il va **effacer toutes les voyelles** de son message. Que peut-il bien écrire à son ami ?

• V•S•V•• M•NT• FL•MM•• R•L•C•NT. •N V•LL• •ST S•LP•R•S •D•R. S•NT CR•BR• T•RR•• TR•M•R•S. M•T•S •MN•S •N F•G•M V•RT•T. C•V• V•S•V••M. !

6 Rectina : amie de Pline qui, menacée, demandait du secours.

Étape 3

Pour en savoir plus sur... Pompéi

Le Vésuve, Naples (Italie)

1. LE 24 AOÛT 79, LE VÉSUVE EXPLOSAIT

Depuis six semaines, l'empereur se nomme Titus. Il vient de succéder à son père Vespasien, mort après dix années de règne. Lui, Titus, ne gouvernera l'empire romain que pendant deux ans. C'est un mandat qui commence bien. Titus n'est pas de ces empereurs fous ou sanguinaires, même s'il est abhorré des Juifs. N'a-t-il pas, sous les ordres de son père, détruit Jérusalem en l'an 70 ? Il se révélera autocrate modéré, soucieux du bien public.

Aussi, de quoi se soucierait-on, ce matin du 24 août 79, dans la ville de plaisance de Pompéi, toute proche des rivages de la baie de Naples, alors que le soleil brille et que pas un nuage n'altère l'uniformité bleue du ciel ? Ah oui, il y a bien le Vésuve, le grand cône qui domine l'horizon au nord de la ville. Il s'était manifesté ces derniers jours, particulièrement le 20 : quelques secousses, des grondements lointains... depuis, plus rien. On s'était habitué à son voisinage et après tout, il y avait seize ans déjà qu'il s'était fâché pour de bon, non tellement en crachant feu et flammes, mais en faisant trembler la terre.

Cela avait fait beaucoup de dégâts à l'époque et même, il y avait encore, par-ci par-là dans la ville, des traces du cataclysme.

Aujourd'hui, puisqu'il s'est calmé, il est bien plus attrayant de songer aux prochaines élections municipales. Partout, graffiti et affiches sollicitent les suffrages pour tel ou tel candidat. C'est jour de fête en plus. Les portes du théâtre seront ouvertes et, dès avant 10 heures, des représentations ont déjà eu lieu. Peut-être le mime-comédien Pâris, idole des foules, a-t-il déjà fait crouler les gradins sous les rires...

Le volcan saute en l'air

Et puis, voilà qu'à 10 heures, une déflagration plus forte que le plus fort coup de tonnerre ébranle le ciel. Tous les regards se tournent vers le volcan : son cratère vient d'exploser. Droit vers le ciel, une colonne noire et rouge s'élance et se déploie, comme le tronc et le feuillage d'un arbre gigantesque. Telle est l'image qu'en rapportent les reporters du temps. De nos jours, et depuis l'avènement de la bombe atomique, ils parleraient plutôt d'un champignon...

Un bouchon de lave refroidie scellait le volcan depuis des décennies. Cette fois, la pression des gaz internes a été la plus forte. Le bouchon a cédé. Le voilà éclaté en des myriades de fragments de pierre ponce.

Ils sont montés à des centaines, peut-être des milliers de mètres d'altitude et retombent maintenant en pluie brûlante à des kilomètres à la ronde. Le ciel si bleu s'obscurcit. En quelques minutes, le jour est devenu nuit. Dans Pompéi, vingt à vingt-cinq mille habitants sont en proie à la panique. Que faire ? S'enfermer chez soi pour se protéger de la chute des pierres ? Rester au dehors, au contraire, pour ne pas recevoir les plafonds sur la tête ? Fuir la ville, oui, mais de quel côté ? On ne voit plus rien que les zébrures des éclairs qui jaillissent du volcan. Même sur le rivage, la situation est critique. Dans sa riche villa, Rectina, femme de Cascus, est folle de peur. Elle se souvient que le meilleur ami de son mari est l'amiral de la flotte, dont le port d'attache est Misène, à l'autre extrémité de la baie. Tout au moins, voit-on encore la mer de la villa de Cascus. Rectina griffonne un message de détresse et envoie un serviteur vers l'amiral. Celui-ci n'est autre que Caius Plinius, Pline l'Ancien, un homme curieux de tout, et particulièrement de science. Il réside à Misène avec sa sœur et son neveu, Pline le Jeune, qu'il occupe en lui proposant de disserter sur des citations littéraires. À 13 heures, la famille aperçoit la terrible nuée. Pline l'Ancien, qui avait pris un bain après une sieste au soleil, ordonna d'armer un navire pour aller observer le phénomène de plus près. Au moment où il quitte la maison, le messager de Rectina arrive. Pline alors fait sortir toute sa flotte de quadrirèmes pour aller au secours, non seulement de son amie, mais de tous les sinistrés qu'il pourra délivrer.

Le récit de Pline le Jeune

Pline le Jeune, invité à se joindre à l'expédition, refuse prudemment, sinon courageusement. Heureusement pour nous, car il nous a livré le reportage de l'action courageuse de son oncle. Il écrit : « *Il se hâte vers la région que d'autres fuient, et il garde une ligne droite, le gouvernail droit sur le danger, si exempt de crainte que toutes les phases de cette catastrophe, tous ses aspects, dès qu'il les avait perçus du regard, il les dictait ou les notait lui-même.*

Déjà de la cendre tombait sur les navires ; au fur et à mesure qu'ils approchaient, elle devenait plus chaude et plus dense ; déjà aussi des pierres ponces, des cailloux noirs, brûlés, éclatés par le feu se voyaient, déjà un bas-fond venait de surgir et les roches écroulées interdisaient le rivage. Il hésita un moment : reviendrait-il en arrière ? À son pilote qui le conseillait, il dit : « La fortune favorise le courage ; mets le cap sur l'habitation de Pomponianus. » Ce dernier était à Stabies, séparé de lui par la moitié du golfe (de fait, le littoral s'arrondit en une courbe insensible que remplit la mer). En cet endroit, bien que le péril ne s'en fût pas encore approché, mais alors qu'il était en vue et que, en grandissant, il devenait très proche, Pomponianus avait fait charger ses bagages sur des navires, décidé à fuir dès que le vent contraire serait tombé ; ce vent, très favorable, poussa mon oncle qui embrasse son ami tremblant, le console, l'encourage et pour que son assurance apaise ses craintes, il se fait descendre au bain ; une fois baigné, il se met à table, mange avec gaieté, ou, ce qui était également grand, en affectant la gaieté.

Pendant ce temps, le Vésuve brillait en plusieurs endroits de flammes très larges et de grandes colonnes de feu dont le vif éclat, la clarté étaient avivés par les ténèbres de la nuit. Mon oncle, cependant, pour calmer la crainte, répétait que c'étaient des feux abandonnés par des paysans pressés ou des villas laissées seules qui brûlaient. Il s'abandonna alors au repos et dormit d'un sommeil authentique. Sa respiration, qui était assez grave et assez sonore à cause de sa corpulence, était entendue de ceux qui passaient devant sa porte. Mais la cour d'où l'on accédait à sa chambre, était déjà remplie de cendre mêlée de pierres ponces qui avaient élevé son niveau, au point que, si mon oncle restait plus longtemps dans sa chambre, il ne pourrait plus en sortir. Réveillé, il se lève, rejoint Pomponianus et les autres qui avaient veillé toute la nuit. Ils délibèrent en commun : faut-il rester dans la maison ou aller dehors ? De fait, les maisons chancelaient à la suite de tremblements de terre ; ébranlées dans leurs fondations, elles semblaient osciller dans un sens puis dans l'autre. En plein air, d'autre part, on craignait la chute des pierres ponces, pourtant légères et poreuses : c'est cela que l'on préféra après comparaison des dangers. Chez mon oncle, le parti le plus raisonnable l'emporta, chez les autres, la

Statue en bronze d'Apollon (Pompéi, Italie)

plus grande des deux peurs. Posant des oreillers sur leur tête, ils les attachent avec des linges ; cela leur servit de protection contre ce qui tombait.

Déjà le jour s'était levé partout, mais ici c'était la nuit, plus ténébreuse, plus épaisse que toutes les autres nuits ; cependant, les rougeoiements nombreux et des lumières variées l'adoucissaient. On décida de se rendre sur le rivage et de voir de près s'il était possible de prendre la mer ; maintenant encore, elle demeurait grosse et contraire. Là, reposant sur un linge étendu, à plusieurs reprises, mon oncle demanda de l'eau fraîche et en but. Ensuite, les flammes et l'odeur du soufre qui les annonçait font fuir ses compagnons et le réveillent. S'appuyant sur deux jeunes esclaves, il se leva et retomba aussitôt. À ce que je suppose, la fumée trop épaisse lui obstrua la respiration et lui ferma le larynx que, de nature, il avait faible, étroit, et fréquemment oppressé ».

Journal « Le Soir », Août 1979.

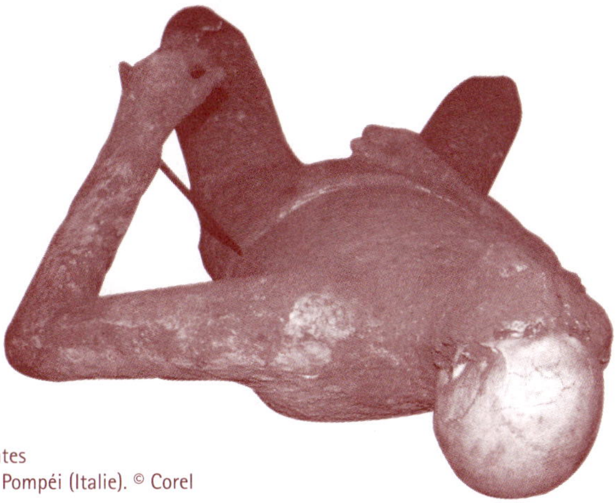

Une des nombreuses empreintes
qui témoignent du drame de Pompéi (Italie). © Corel

2. TRAGÉDIE HUMAINE, AUBAINE ARCHÉOLOGIQUE

C'est le 24 août 79 que survint l'explosion du Vésuve suivie d'une éruption longue de deux jours qui devait ensevelir Pompéi sous les cendres, Herculanum et Stabies, sous des torrents de boue. Ce ne fut pas avant 1738 (pour Herculanum) et 1748 (pour Pompéi) que le monde se préoccupa des cités disparues et oubliées. Les fouilles furent encouragées par le roi de Naples Charles III, soucieux avant tout d'enrichir son cabinet d'antiquités. Heureusement, dès 1749, des méthodes de recherche plus scientifiques furent introduites par Charles Weber.

Il fallut attendre 1870 pour que des techniques plus adéquates encore fussent introduites par Giuseppe Fiorelli, auquel succéda en 1875 Michele Ruggiero. On doit à ce dernier l'adoption du principe moderne de restaurer les bâtiments et de conserver les découvertes **in situ**, plutôt que de dégager les objets précieux et de laisser aller tout le reste à l'abandon. Avant lui, Fiorelli avait eu l'idée lumineuse de couler du plâtre dans les creux laissés sous la cendre par les corps des victimes qui s'étaient décomposés peu à peu. Ainsi peut-on aujourd'hui, avec une émotion intense, contempler ces hommes, ces femmes, ces enfants dans l'attitude où la mort les surprit : souvent les mains devant les yeux et la bouche pour se protéger des cendres. Une jeune fille avait caché son visage dans le giron de sa mère.

Deux garçonnets s'étreignirent au moment suprême. Deux gladiateurs moururent enchaînés dans une cellule du cirque, un portier enfermé dans sa loge, un mendiant tenant sa sébile, et même un pauvre chien de garde, qui tira tant qu'il put sur sa chaîne, mais finit par être recouvert par les poussières de lave...

Mille neuf cents ans pour tourner la page ne suffisent pas à nous rendre insensibles à la détresse de ce monde ; il nous est au contraire aussi proche que si le temps s'était arrêté. Pour l'archéologie, pour l'histoire de l'art et de la civilisation de Rome, la catastrophe de Pompéi est une aubaine : les fouilles mettent au jour des maisons de plaisance dont les riches habitants semblent absents depuis la veille. Les œuvres d'art – les unes plus raffinées que les autres – sont là pour témoigner des goûts du temps. Les tavernes ont leurs étagères garnies de jarres à vin.

Les cendres ont même conservé l'empreinte de mets abandonnés dans des assiettes. Dans les rues, l'usure des pavés permet de calculer sans peine l'écartement des roues des chariots.

Ibidem

13 8

1. Repérez sur la carte les points géographiques cités dans cet article.
2. À quelle période de l'histoire romaine eut lieu l'éruption du Vésuve ? Sous quel empereur ? Citez ses prédécesseurs.
3. Qui, et en quelle année, encouragea les premières fouilles autour de Pompéi ? Qui prit ensuite la relève et en quelle année ?
4. Que signifie l'expression : conserver les fouilles « in situ » ? À qui est due cette méthode de travail ?
5. Quelle technique de travail est due à Fiorelli ?
6. Quels types de vestiges ont été mis à jour à Pompéi ?

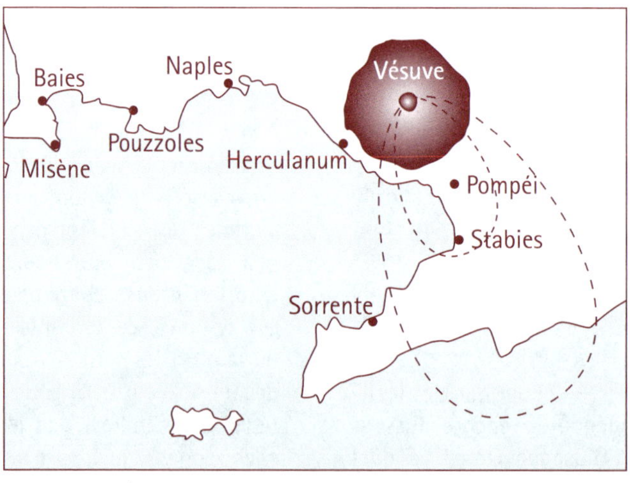

Le thermopolium : taverne où l'on vendait des boissons chaudes. (Pompéi, Italie)

Pris sur le vif !

En découvrant Pompéi, les archéologues ont pu plonger « en direct » dans la vie quotidienne de ses habitants ; ici, c'est une cuisine abandonnée par le cuisinier en plein travail au moment de l'éruption : un pot se trouvait encore sur le feu. Là, c'est le repas complet qui était servi sur la table du « triclinium » quand les convives furent surpris par la catastrophe : on a retrouvé intacts du pain, des noix, des gâteaux, des œufs... dont les coquilles n'étaient même pas brisées !

VOULEZ-VOUS JOUER ? ➪ page 174

Vocabulaire

NOMS

1re déclinaison (féminins)

potentia, ae	la puissance — potentiel
Gergovia, ae	Gergovie (capitale des Arvernes)
diligentia, ae	l'ardeur, l'énergie — diligence

2e déclinaison (masculins)

Celtillus, i	Celtillus (chef arverne)
filius, i	le fils — filial
Arvernus, i	l'Arverne
patruus, i	l'oncle

2e déclinaison (neutres)

oppidum, i	la place forte
imperium, i	le pouvoir suprême (latin : imperare, o)

3e déclinaison (masculins-féminins)

Vercingetorix, Vercingetorigis	Vercingétorix
cliens, clientis	le client (protégé d'un patronus)
Gobannitio, Gobannitionis	Gobannition
princeps, principis	le chef — principal
rex, regis	le roi — règne
civitas, civitatis	la cité
obses, obsidis	l'otage
severitas, severitatis	la sévérité

4e déclinaison (masculins)

consensus, us	l'accord, le consentement (consensu = Abl. sg.) — consensus

ADJECTIFS

1re classe

summus, a, um	très haut, très grand — summum
reliqui, ae, a *(pluriel)*	tous les autres — reliques
suus, a, um	son, leur

VERBES

1re conjugaison

appellare, o	appeler
imperare, o	ordonner, imposer — impératif

2e conjugaison

prohibere, eo	écarter, interdire — prohibition

3e conjugaison

incendere, o	1) incendier, enflammer 2) enthousiasmer
expellere, o	chasser, expulser
addere, o	ajouter, joindre — addition

Irréguliers

deferre, defero	accorder

ADVERBES

facile	facilement

PRÉPOSITIONS

ad *(+ acc.)*	vers, chez, près de
a(b) *(+ abl.)*	par (c. d'agent animé)

Latine Loquimur — Nous parlons latin

Fluctuat* nec mergitur*

*fluctuare, o = flotter
*mergere, o = submerger, engloutir

Vercingétorix, un jeune Gaulois qui promet ! 4

Acquisitions grammaticales

Noms

- **syntaxe des cas** : le complément d'agent (animé/inanimé).

Verbes

- **l'indicatif présent et imparfait, voix passive.**

Centre d'intérêt : Vercingétorix.

Les débuts sont difficiles...

Vercingetorix, Celtilli filius, Arvernus, summae potentiae adulescens, clientes facile incendit... Prohibetur ab Gobannitione, patruo suo, reliquisque principibus ; expellitur ex oppido Gergovia.

... mais la persévérance porte ses fruits !

Banni de sa ville d'origine, Vercingétorix regroupe patiemment dans les campagnes une troupe de partisans ; il revient en force à **Gergovie** *et en chasse ses anciens ennemis ! Désormais, il dominera non seulement la cité arverne, mais aussi la majorité des peuples gaulois.*

Rex ab suis appellatur. Omnium consensu ad Vercingetorigem defertur imperium. Omnibus civitatibus obsides imperat. Summae diligentiae summam severitatem addit.

D'après César, B. G. VII, 4, 1 à 9.

Synthèse

LES VERBES

I. Temps formés sur le TH_1 (voix passive)

	1re conjugaison aimer	2e conjugaison avertir	3e conjugaison lire	4e conjugaison entendre	4e conj. bis prendre
INDICATIF	TH_1 : **ama-**	TH_1 : **mone-**	TH_1 : **leg-**	TH_1 : **audi-**	TH_1 : **capi-**
Présent	am or [1]	mone or	leg or	audi or	capi or
	ama ris	mone ris	leg **e** ris	audi ris	cape ris
	ama tur	mone tur	leg **i** tur	audi tur	capi tur
	ama mur	mone mur	leg **i** mur	audi mur	capi mur
	ama mini	mone mini	leg **i** mini	audi mini	capi mini
	ama ntur	mone ntur	leg **u** ntur	audi **u** ntur	capi **u** ntur
Imparfait	ama ba r	mone ba r	leg **e** ba r	audi **e** ba r	capi **e** ba r
	ama ba ris	mone ba ris	leg **e** ba ris	audi **e** ba ris	capi **e** ba ris
	ama ba tur	mone ba tur	leg **e** ba tur	audi **e** ba tur	capi **e** ba tur
	ama ba mur	mone ba mur	leg **e** ba mur	audi **e** ba mur	capi **e** ba mur
	ama ba mini	mone ba mini	leg **e** ba mini	audi **e** ba mini	capi **e** ba mini
	ama ba ntur	mone ba ntur	leg **e** ba ntur	audi **e** ba ntur	capi **e** ba ntur

OBSERVEZ

Pour les temps formés sur le TH_1, la **seule différence** entre une forme active et une forme passive est **leur désinence.**

Exemple : ama -t = il aime | ama -tur = il est aimé
ama -ba -t = il aimait | ama -ba -tur = il était aimé

Il suffit donc de **mémoriser les DÉSINENCES de la VOIX PASSIVE :**

OR, RIS, TUR, MUR, MINI, NTUR
R

Attention à la 2e personne du singulier de l'ind. présent : 3e conj./4e conj. bis
ĭ (= i bref) → ĕ devant R.

1 amor < ama-or (contraction).

Syntaxe des cas : le complément d'agent

I. En FRANÇAIS

Le COMPLÉMENT D'AGENT est un groupe PRÉPOSITIONNEL employé avec la VOIX PASSIVE.

Exemple :

Les parents sont aimés { PAR / DE } leurs enfants.

II. En LATIN

Le nom de l'AGENT se met à l'ABLATIF mais n'est PAS TOUJOURS précédé d'une PRÉPOSITION.

COMPAREZ

AGENT ANIMÉ (= personne, animal)	AGENT INANIMÉ (= chose, nom abstrait)
Caesar **a militibus** vulneratur	Caesar **gladio** vulneratur
= César est blessé **par les soldats**	= César est blessé **par un glaive**
↓	↓
Préposition A(B) [2] *+ ABLATIF*	*ABLATIF (seul)*
	Il équivaut à un **c.c. de moyen**

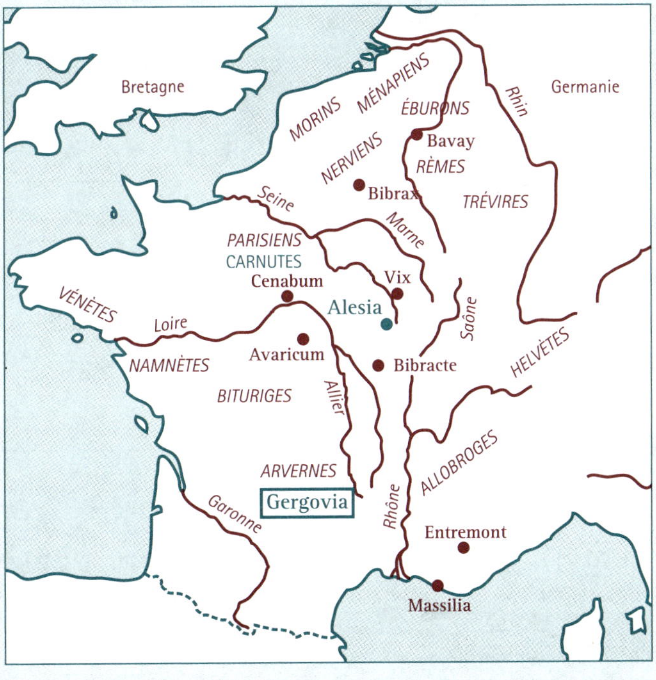

2 « b » peut disparaître devant une consonne autre que « h ».

Étape 4

Utilisez vos apprentissages...

1. ACCOUTUMEZ-VOUS À LA VOIX PASSIVE ✦ 14 6

Formez l'indicatif présent / imparfait } à la voix passive (3e p. sg.) des verbes suivants :

1. honorer
2. enseigner
3. livrer
4. avertir
5. appeler
6. recevoir
7. entendre
8. conduire

2. RETOUR AU TEXTE ✦ 11 6

Relevez, dans le texte de l'étape 4, les verbes à la voix passive et **transposez-les** à l'indicatif **imparfait** (même voix).

3. COMPLÉTEZ LE TABLEAU ✦✦ 6 14

(gardez le même verbe horizontalement)

	Ind. prés. V.A.	*Ind. prés. V.P.*	*Ind. imp. V.A.*	*Ind. imp. V.P.*
Sg. 1	incendo			
2			requirebas	
3				addebatur
Pl. 1	prohibemus			
2		duramini		
3			audiebant	

4. DÉCOMPOSEZ ✦ 15 11

a) **Séparez** les éléments des formes verbales suivantes.
b) **Traduisez.**

1. constituitur
2. expellimini
3. adduntur
4. tradebar
5. requirebatis
6. coleris
7. incendebamur
8. appellabamini
9. vertitur
10. aperitur

5. COMPOSEZ ✦ 6 14

a) **Donnez pour chaque verbe ci-dessous la forme demandée.**
b) **Traduisez la forme obtenue.**

1. audire (ind. pr. V.P. 2e sg.)
2. vertere (ind. pr. V.P. 3e pl.)
3. appellare (ind. imp. V.P. 1re sg.)
4. educere (ind. imp. V.A. 2e sg.)
5. interficere (ind. prés. V.P. 3e sg.)
6. exspectare (ind. prés. V.P. 1re sg.)
7. timere (ind. imp. V.A. 2e pl.)
8. aedificare (ind. prés. V.P. 3e pl.)
9. esse (ind. imp. 3e sg.)
10. expellere (ind. prés. V.P. 2e sg.)

6. OUVREZ L'ŒIL ! ✦✦ 15 3

Voici 5 débuts de verbes latins : 1. ponu-
2. tradi-
3. audieba-
4. aperi-
5. vende-

D'après vos connaissances actuelles, **quelles désinences de la liste ci-dessous chacun d'eux peut-il accepter** ?
-mus -ntur -tur -ris -re

7. RETOUR À LA DÉCLINAISON ✦ 14 6

Déclinez les noms suivants au cas indiqué.

1. la nuit (gén. pl.)
2. le visage (acc. sg.)
3. la sévérité (gén. sg.)
4. la grandeur (acc. sg.)
5. le chien (gén. pl.)
6. le pouvoir suprême (gén. sg.)
7. l'otage (dat. sg.)
8. la fin (dat. sg.)
9. la place forte (abl. sg.)
10. la force (nom. sg.)

8. LES DÉRIVÉS ✦✦✦ 13 10

Voici une liste de 6 mots latins :

1. **populus**
2. **cinis**
3. **latus**
4. **color**
5. **imperare**
6. **vulnus**

Complétez les phrases suivantes avec un mot français dérivé de l'un d'eux.

1. Les Romains avaient l'habitude d'......... les corps de leurs défunts.
2. La langue française emploie le mode .... pour exprimer un ordre.
3. Notre professeur de géographie nous a demandé de calculer la .... de ce point.
4. Cet homme politique était très ....
5. Le héros grec Achille se croyait ....
6. Ce tissu, resté trop longtemps au soleil, est tout ....

9. JONGLEZ AVEC LA VOIX PASSIVE ! ✦✦ 2 18

Traduisez.

1. A parentibus in nigra nocte liberi requirebantur.
2. Flammis cinereque multa tecta delentur[3].
3. Poenarum magnitudine terremini.
4. Imperium ad Vercingetorigem a Gallis defertur.
5. A parentibus magnus adulescentium numerus ad druides mittitur.

3 delere, eo = détruire.

10. RECTO-VERSO ! ✦✦ 6 18

a) **Transformez** les phrases actives en phrases passives. Attention ! Gardez le même temps !
b) **Traduisez** oralement le résultat obtenu.

1. Omnes civitates Vercingetorigi obsides tradunt.
2. Vercingetorigem principes ex oppido expellunt.
3. Vercingetorigis verba clientes multos incendebant.
4. Galli animalia capta immolabant.
5. Sulpuris odores Plinium excitant[4].

11. VERSION ✦✦ 2 18 7

De principe Vercingetorige

Vercingetorix Celtilli principis filius erat : adulescens Arvernus omnium Gallorum rex fieri volebat[5] sed ab omnibus principibus Gallicis non amabatur. E suo oppido ab eis expellitur. Paulo[6] post, magnus Gallorum numerus Vercingetorigis verbis incenditur. Multorum consensu imperium ad eum defertur.
Vercingetorigis severitas summa erat : Gallus qui non parebat gravibus poenis castigabatur. Copiis suis dicebat[7] : « Liberum decedere praestat[8] quam servum vivere ».

12. COMBINEZ ! ✦✦✦ 1 7

Formez des phrases sensées en puisant un mot (ou groupe de mots) dans chaque colonne.

A Vercingetorige	Celtilli	pueri	expelluntur.
A principibus	terrae	filius	terrebantur.
Tremoribus	principes	scientia	traditur.
A druidibus	iuvenibus	ex oppido	expellitur.

13. UN PEU D'ORDRE ! ✦✦✦ 15 2

Voici une série de formes verbales dont les syllabes ont été mélangées. Reconstituez-les correctement.

1. hi – tur – pro – ban – be
2. pel – ris – la – ap – ba
3. pel – ex – tur – lun
4. qui – mi – re – re – ba – ni
5. ci – tur – bi – un – a

Monnaie de Vercingétorix

4 excitare, o = réveiller.
5 velle, volo = vouloir.
6 paulo = un peu.
7 dicere, o = dire.
8 praestare quam = être préférable à.

2 18 7

L'horrible fin de l'empereur Galère

Undique medici nobiles trahuntur : nihil humanae manus promovent. Apollo et Asclepius orantur ; remedium flagitatur. Dat Apollo curam : malum augetur. Iam non longe pernicies aberat ; computrescunt viscera... Non desinunt tamen infelices medici. Odor autem non modo palatium, sed totam civitatem pervadit. In putredinem corpus solvitur...

Lactance, De mort. Pers. 33 (passim).

Vocabulaire

abesse, absum	être loin
Asclepius, i	Esculape (dieu de la médecine)
augere, eo	augmenter, accroître
autem	mais
computrescere, o	pourrir
desinere, o	cesser, renoncer
flagitare, o	demander, réclamer
iam	déjà
infelix, –, –, (infelicis)	malheureux
longe	loin
malum, i	le mal
non modo... sed...	non seulement... mais...
nihil (*Acc.*)	rien
nobilis, is, e	célèbre
orare, o	prier
palatium, i	le palais
pernicies, ei	la destruction, la fin
pervadere, o	envahir
promovere, eo	faire avancer
putredo, inis	la gangrène, la pourriture
remedium, i	le remède
solvere, o	défaire, décomposer
tamen	cependant
totus, a, um	tout entier
trahere, o	tirer, amener
undique	de partout
viscera, viscerum (*Pluriel*)	les entrailles

6

En 52 A.C.N., Vercingétorix, résolu à prendre la tête de la coalition gauloise contre les Romains, invite les tribus amies à le rejoindre en un même lieu. La Gaule étant infestée d'espions romains, le chef arverne va user d'un code pour transmettre le nom du lieu de rendez-vous.

1 - 11 - 5 - 18 - 9 - 1

Saurez-vous déchiffrer le message ? Pensez à l'ordre des lettres dans un alphabet (Attention ! i = j en latin)

Vercingétorix, héros légendaire

1. À LA RECHERCHE D'UN INCONNU : LES SOURCES

Plus peut-être qu'aucun autre des hommes célèbres de notre pays, **Vercingétorix** est un inconnu, ou plus exactement auréolé d'une légende qui s'est forgée depuis le XIXe, voire le XVIIe siècle...

Il faut préciser tout de suite que les sources dont nous disposons à son sujet sont de deux natures très différentes. Il s'agit, d'une part, des textes qui nous parlent de lui, et en premier lieu les Commentaires de la guerre des Gaules, rédigés par Jules César, qui conquiert la Gaule de 58 à 51 A.C.N., et qui défait Vercingétorix à Alésia en 52 A.C.N. (mais aussi d'autres ouvrages comme celui de Tite-Live). On a traditionnellement fait confiance à ce qu'a écrit César... Mais on sait aujourd'hui qu'il faut accorder un crédit nuancé aux dires de ce dernier qui a voulu – et c'est sans doute explicable – valoriser sa victoire en magnifiant ses adversaires ou en exagérant la nature ou la qualité de l'opposition qu'il rencontrait.

En second lieu, nous disposons de sources archéologiques... : nous connaissons les habitants du pays de Vercingétorix, l'Auvergne, des monnaies, presque toutes en or, frappées à son effigie et portant la légende « Vercingétorix », et enfin le lieu de la grande bataille entre Gaulois et Romains, **Alésia** (Alise Sainte-Reine, en Côte d'Or), où de grandes fouilles furent ordonnées par l'Empereur Napoléon III à partir de 1861, au cours desquelles de nombreux vestiges, notamment des armes abandonnées par les combattants, furent mis au jour.

2. LA RÉALITÉ HISTORIQUE...

Comment nous apparaît donc le Vercingétorix de la tradition ? C'était le roi des **Arvernes**, tribu gauloise puissante, habitant l'Auvergne, (qui en a tiré son nom), et une partie du Bourbonnais actuel, et qui avait autrefois exercé son hégémonie sur une grande partie de la Gaule. Mais à l'arrivée des Romains, au Ier siècle A.C.N., la Gaule était divisée en une myriade de peuples distincts, qui se jalousaient et se combattaient. Toutefois, les Arvernes avaient conservé, au moins à l'égard des peuples les plus proches d'eux, une certaine autorité.

Vercingétorix est un jeune homme, âgé de moins de trente ans. Noble, fils de Celtill, il acquiert non sans peine le pouvoir chez les Arvernes. Début 52, il est à la tête de la conjuration gauloise. Une véritable conscience nationale se fait alors jour. Le conflit est inévitable. Les Romains, d'abord bousculés, s'emparent de la ville fortifiée d'Avaricum (Bourges). À **Gergovie**, capitale des Arvernes, ils connaissent par contre la défaite. On connaît la suite : l'autorité de Vercingétorix affermie sur presque toute la Gaule, la défaite de la cavalerie gauloise dans la plaine de la Saône, l'armée gauloise enfermée dans la place forte d'Alésia, le siège par les armées romaines, la famine, la reddition de Vercingétorix. Un an plus tard, en 51 A.C.N., la Gaule est pacifiée. Vercingétorix, amené à Rome, est jeté en prison ; en 46 A.C.N., il figure dans les triomphes de César pour être finalement étranglé.

Ce Vercingétorix, enfin, il fallait bien le matérialiser, c'est-à-dire le dessiner, le sculpter. On en a fait un homme farouche, à longues moustaches militaires. On l'a vêtu d'armes magnifiques, sans regarder de trop près si elles n'étaient pas anachroniques. C'est ainsi que sur la statue de Millet, érigée avec faste sur le mont Auxois (Alésia) en 1865, Vercingétorix est pourvu d'une cuirasse du VIIIe siècle avant notre ère, d'un poignard et d'une épée de l'âge du Bronze, enserrant ses braies dans des lanières empruntées aux Mérovingiens des Ve et VIe siècles après notre ère... Ne nous étendons pas sur le casque dont on a bien souvent affublé Vercingétorix, lui aussi de l'âge du Bronze, et dont on trouve une version... sur les paquets de cigarettes « Gauloises » !

Archéologia, n° 163, Dijon, février 1982, pp. 6 à 9.

Statue de Vercingétorix par Millet, érigée en 1865 à la demande de Napoléon III sur le Mont Auxois. (France)

Ferme gauloise, 1er siècle A.C.N. Archéodrome de Beaune (France).

7 13 17

Texte 1

1. De quelles sources disposons-nous pour connaître Vercingétorix ?
2. Sont-elles toutes fiables ? Justifiez votre réponse.

Texte 2

1. Retrouvez, dans le texte ci-dessus, les éléments apportés par César dans le texte de l'étape IV que vous avez traduit.
2. Que signifie la phrase : « Une véritable conscience nationale se fait alors jour » ?

Texte 3

Montrez que la précision dans la représentation historique n'était pas un souci majeur au XIXe siècle.

Vercingétorix ne plaisante pas !

Vercingétorix faisait régner dans ses troupes une discipline de fer. À en croire son adversaire César, si un Gaulois commettait un grave délit, il était passible de la mort par le feu. Par contre, pour une faute plus légère, le coupable était renvoyé dans son village, les oreilles coupées ou les yeux crevés. De quoi faire réfléchir les autres !

D'après César, B. G., VII, 4.

VOULEZ-VOUS JOUER ? ➪ page 175

La contrevallation telle que pouvaient la voir les légionnaires romains durant le siège. Ici ils vaquaient aux besognes quotidiennes tandis qu'au-delà les Gaulois de Vercingétorix attendaient l'armée de secours. (Site de l'Archéodrome de Beaune, France.)

Vocabulaire

NOMS

1re déclinaison (féminins)

Asia, ae	l'Asie
Cleopatra, ae	Cléopâtre
Persa, ae	le Perse
pestilentia, ae	la peste, l'épidémie — pestilentiel
regina, ae	la reine
pugna, ae	le combat — pugnace

2e déclinaison (masculins)

M. Antonius, i	Marc Antoine
Epirus, i	l'Épire (région de Grèce)
Aegyptus, i	l'Égypte
Augustus, i	Auguste

2e déclinaison (neutres)

proelium, i	le combat
Actium, i	Actium (ville d'Épire)
venenum, i	le poison, le venin — vénéneux

3e déclinaison (masculins-féminins)

Oriens, Orientis	le soleil levant, l'Orient
uxor, uxoris	l'épouse
uxorem ducere, o	épouser
fames, is	la faim — famélique
aspis, aspidis	l'aspic (petit serpent)

ADJECTIFS

1re classe

primus, a, um	premier — primo
clarus, a, um	célèbre, illustre

2e classe

regrediens (part. présent)	revenant, en revenant — régresser
ingens,–,– (ingentis)	immense
navalis, is, e	naval
illustris, is, e	illustre

PRONOMS

ipse, a, um	lui-même
is, ea, id	celui-ci
hic, haec, hoc	celui-ci
sibi *(datif)*	à lui, à elle

ADVERBES

etiam	aussi
tamen	cependant

PRÉPOSITIONS

contra (+ acc.)	contre
apud (+ acc.)	chez, près de

VERBES

1re conjugaison

laborare, o, avi, atum	travailler, souffrir — laborieux
pugnare, o, avi, atum	combattre

2e conjugaison

tenere, eo, tenui, tentum	tenir, occuper, détenir
commovere, eo, commovi, commotum	susciter, déclencher

3e conjugaison

vincere, o, vici, victum	vaincre — victoire
interimere, o, interemi, interemptum	tuer
admittere, o, admisi, admissum (+ datif)	laisser aller vers, laisser approcher de
exstinguere, o, exstinxi, exstinctum	tuer

4e conjugaison bis

fugere, io, fugi, fugitum	fuir — fugitif

Latine Loquimur — Nous parlons latin

In cauda* venenum

* cauda, ae = la queue

Les tribulations d'un Romain en Égypte 5

Acquisitions grammaticales

Noms
- **syntaxe des cas** : les c. circonstanciels de lieu.

Verbes
- **notion de thème du parfait** (= TH_2).
- **l'indicatif parfait, voix active.**

Pronoms
- **le pronom** IS, EA, ID : – démonstratif
  – personnel (3e pers. non réfléchi).
- **les pronoms personnels** (1re pers., 2e pers. et 3e pers. réfléchi)

Centre d'intérêt : Un grand moment d'histoire : la fin de la République romaine.

M. Antonius, qui Asiam et Orientem tenebat, Cleopatram, reginam Aegypti, duxit uxorem. Contra Persas ipse etiam pugnavit : primis eos proeliis vicit. Regrediens tamen fame et pestilentia laboravit.
Hic quoque ingens bellum civile commovit... Augustus navali pugna clara et illustri apud Actium, qui locus in Epiro est, eum vicit. Fugit in Aegyptum et ipse se interemit ; Cleopatra sibi aspidem admisit et venenum eam exstinxit.

D'après Eutrope, VII, 4.

Synthèse

LES VERBES

I. Le thème du parfait (= TH_2) : formation

Ce nouveau thème doit être **mémorisé** car, la plupart du temps, **il n'y a pas de règle systématique de formation.**

Exemples :

VAINCRE → TH_1 = VINC- → TH_2 = VIC-

CONDUIRE → TH_1 = DUC- → TH_2 = DUX-

Cependant : pour la plupart des verbes de la 1re **conjugaison**, le thème du **parfait** se forme de la manière suivante :

$$TH_2 = TH_1 + V$$

Exemples :

PUGNAV -IT ↓ = PUGNA + « V »

LABORAV -IT ↓ = LABORA + « V »

II. Temps formés sur le thème du parfait (TH_2) (voix active)

	aimer	
INDICATIF	TH_2 : amav-	
Parfait	amav i	= j'ai aimé / j'aimai
	amav isti	
	amav it	
	amav imus	
	amav istis	
	amav erunt	

L'indicatif parfait latin peut se traduire en français par **3 temps différents** :

le **passé composé** = il a aimé
le **passé simple** = il aima
le **passé antérieur** = ... il eut aimé (plus rare !)

Rappelez-vous.

Le thème du présent (= TH_1) sert à former :

a) L'INFINITIF	présent	V.A.	AMA -re	= aimer
b) L'INDICATIF	• présent	V.A.	AMA -t	= il aime
		V.P.	AMA -tur	= il est aimé
	• imparfait	V.A.	AMA -ba -t	= il aimait
		V.P.	AMA -ba -tur	= il était aimé

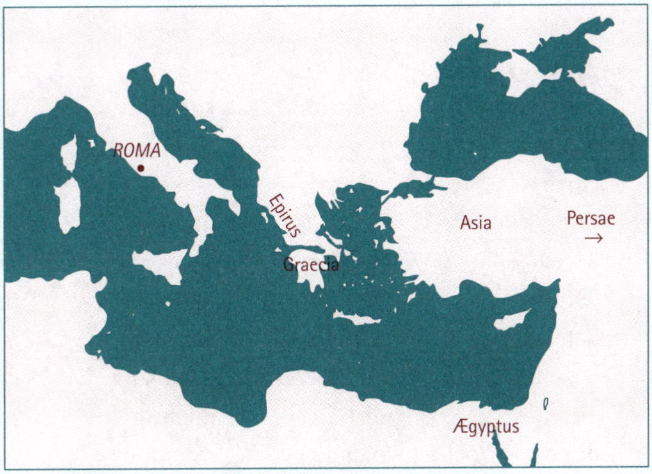

TEMPS PRIMITIFS DE BASE

- Vous trouverez ici les temps primitifs[1] des verbes fréquents vus dans LUX 1 et ceux des étapes 1 à 5 de LUX 2.
- Les verbes de la **première conjugaison** n'y sont toutefois pas repris, car ils se comportent **tous selon le même schéma**:

amare	amo	amavi	amatum	aimer

⚠ **2 exceptions fréquentes:**

dare	do	**dedi**	datum	donner
stare	sto	**steti**	statum	rester debout

1 Pour une raison pratique, nous faisons dès à présent figurer le supin des verbes, expliqué à la page 95.

Quelques temps primitifs élémentaires

Inf. présent V.A.	Ind. présent 1re sg. V.A.	Ind. parfait 1re sg. V.A.	Supin	Traduction
abicere	abicio	abieci	abiectum	jeter loin
accipere	accipio	accepi	acceptum	recevoir
addere	addo	addidi	additum	ajouter
agere	ago	egi	actum	pousser, faire
aperire	aperio	aperui	apertum	ouvrir
attingere	attingo	attigi	attactum	atteindre
audire	audio	audi(v)i	auditum	entendre
capere	capio	cepi	captum	prendre
cavere	caveo	cavi	cautum	prendre garde
circumsistere	circumsisto	circumsteti	–	entourer
colere	colo	colui	cultum	honorer, cultiver
comprehendere	comprehendo	comprehendi	comprehensum	saisir, arrêter
concurrere	concurro	concurri	concursum	se réunir
considere	consido	consedi	consessum	s'installer
consistere	consisto	constiti	–	consister, s'arrêter
constituere	constituo	constitui	constitutum	fixer, décider
cupere	cupio	cupi(v)i	cupitum	désirer
currere	curro	cucurri	cursum	courir
dare	do	dedi	datum	donner
decedere	decedo	decessi	decessum	s'éloigner, mourir
defendere	defendo	defendi	defensum	défendre
deferre	defero	detuli	delatum	accorder
depellere	depello	depuli	depulsum	chasser
differre	differo	distuli	dilatum	être différent
discere	disco	didici	discitum	étudier, apprendre
discurrere	discurro	discurri	discursum	courir en tous sens
docere	doceo	docui	doctum	enseigner
ducere	duco	duxi	ductum	conduire
educere	educo	eduxi	eductum	faire sortir
esse	sum	fui	–	être
exercere	exerceo	exercui	exercitum	exercer
expellere	expello	expuli	expulsum	chasser
facere	facio	feci	factum	faire
ferire	ferio	ferii	–	frapper
ferre	fero	tuli	latum	porter
fugere	fugio	fugi	fugitum	fuir
habere	habeo	habui	habitum	avoir
incendere	incendo	incendi	incensum	brûler
incidere	incido	incidi	–	tomber sur

Inf. présent V.A.	Ind. présent 1re sg. V.A.	Ind. parfait 1re sg. V.A.	Supin	Traduction
incolere	incolo	incolui	–	habiter
interficere	interficio	interfeci	interfectum	tuer
invadere	invado	invasi	invasum	attaquer, envahir
invenire	invenio	inveni	inventum	trouver
ire	eo	i(v)i	itum	aller
legere	lego	legi	lectum	lire
manere	maneo	mansi	mansum	rester
mittere	mitto	misi	missum	envoyer
monere	moneo	monui	monitum	avertir
obsidere	obsideo	obsedi	obsessum	assiéger
parere	pareo	parui	paritum	obéir
patere	pateo	patui	–	être ouvert
pervenire	pervenio	perveni	perventum	parvenir
ponere	pono	posui	positum	placer, poser
posse	possum	potui	–	pouvoir
prohibere	prohibeo	prohibui	prohibitum	écarter, interdire
quaerere	quaero	quaesivi	quaesitum	chercher, demander
reddere	reddo	reddidi	redditum	rendre
redimere	redimo	redemi	redemptum	racheter
requirere	requiro	requisivi	requisitum	rechercher
respondere	respondeo	respondi	responsum	répondre
revenire	revenio	reveni	reventum	revenir
scribere	scribo	scripsi	scriptum	écrire
sedere	sedeo	sedi	sessum	être assis
studere	studeo	studui	–	s'appliquer à, étudier
tenere	teneo	tenui	tentum	tenir, occuper
terrere	terreo	terrui	territum	effrayer
timere	timeo	timui	–	craindre
tollere	tollo	sustuli	sublatum	enlever, soulever
tradere	trado	tradidi	traditum	livrer, transmettre
transfugere	transfugio	transfugi	transfugitum	déserter, passer à l'ennemi
transire	transeo	transi(v)i	transitum	traverser
valere	valeo	valui	valitum	être fort, en bonne santé
vendere	vendo	vendidi	venditum	vendre
venire	venio	veni	ventum	venir
vertere	verto	verti	versum	tourner, changer
videre	video	vidi	visum	voir
vincere	vinco	vici	victum	vaincre
vivere	vivo	vixi	victum	vivre

La syntaxe des cas : les compléments circonstanciels de lieu

Selon la nuance exprimée, ils font appel à

DEUX CAS DIFFÉRENTS

Accusatif

1. **Ad druides** adulescentes concurrunt. — AD →○

   Les jeunes gens accourent **chez les druides.**

2. Fugit **in Aegyptum.** — IN

   Il fuit en **Égypte.**

3. **Per Asiam** fugit. — PER

   Il fuit **à travers l'Asie.**

4. Augustus **apud Actium** eum vicit. — APUD/AD x ○

   Auguste le vainquit **près d'Actium.**

Ablatif

1. **In finibus** Carnutum considunt. — IN ⓧ

   Ils s'installent **sur le territoire** des Carnutes.

2. Expellitur **ex oppido.** — EX[2] ○→

   Il est chassé **de la place forte.**

3. A Vesuvio fugimus. — AB[3] ○→

   Nous fuyons **loin du Vésuve.**

Cléopâtre *(British museum, Londres, Grande-Bretagne)*

2 E peut remplacer ex devant une consonne (autre que h).

3 A peut remplacer ab devant une consonne (autre que h).

LES PRONOMS

• LE PRONOM « IS, EA, ID »

I. DÉCLINAISON

	Singulier			*Pluriel*		
	Masculin	*Féminin*	*Neutre*	*Masculin*	*Féminin*	*Neutre*
Nominatif	is	ea	id	ei (ii)	eae	ea
Accusatif	eum	eam	id	eos	eas	ea
Génitif	eius	eius	eius	eorum	earum	eorum
Datif	ei	ei	ei	eis (iis)	eis (iis)	eis (iis)
Ablatif	eo	ea	eo	eis (iis)	eis (iis)	eis (iis)

II. EMPLOIS

PRONOM DÉMONSTRATIF = PRONOM PERSONNEL (3e personne non réfléchi)

Exemple : Romulus eos senatores nominavit.

= Romulus { nomma ceux-ci sénateurs. / les nomma sénateurs.

• LES PRONOMS PERSONNELS

	1re personne		2e personne		3e personne [4] *Réfléchi*
	Singulier	*Pluriel*	*Singulier*	*Pluriel*	*Singulier / Pluriel*
Nominatif	ego	nos	tu	vos	–
Vocatif	–	–	tu	vos	–
Accusatif	me	nos	te	vos	se
Génitif	mei	{ nostri / nostrum	tui	{ vestri / vestrum	sui
Datif	mihi	nobis	tibi	vobis	sibi
Ablatif	me	nobis	te	vobis	se

1. IS, EA, ID joue plus rarement le rôle d'*adjectif démonstratif.*

   Exemple : In <u>EO proelio</u> Antonius ab Augusto victus est.

   Dans <u>CE combat</u> Antoine fut vaincu par Auguste.

2. Il est fréquemment employé *comme antécédent du pronom relatif.*

   Exemple : IS qui = CELUI qui ; ID quod = CE qui, CE que...

4 is, ea, id fonctionne comme pronom personnel non réfléchi de la 3e personne.

Utilisez vos apprentissages...

1. INDIQUEZ LE TH_1 ET LE TH_2 DES VERBES SUIVANTS ✦ 14 11

a) voir
b) prendre garde
c) prendre
d) parvenir
e) transmettre
f) avoir
g) vivre
h) avertir
i) fuir
j) rester

2. PLEINS FEUX SUR LE TH_2 ! ✦ 15 11

a) Isolez le thème.
b) Traduisez de 2 manières possibles.

1. tenuerunt
2. vicit
3. laboravimus
4. dedisti
5. egi
6. fuistis
7. concurrerunt
8. incidisti
9. studuit
10. addidisti

3. CHASSEZ L'INTRUS ✦ 5 3

expulit – expulimus – expellit – expuli
ducit – misit – capit – accipit
habuimus – audivimus – egimus – colimus
feci – potui – loci – sedi

4. PÊLE-MÊLE ! ✦✦ 15 11

Soyez bien attentifs aux thèmes utilisés dans les formes verbales suivantes !

a) Isolez les différentes composantes de ces formes ;
b) Traduisez-les.

SÉRIE A	*SÉRIE B*	*SÉRIE C*	*SÉRIE D*
ageris	tenebatur	caperis	venis
egisti	tenuit	cepit	venisti
agebar	tenemini	capit	venire
aguntur	tenebaris	capimur	veniunt
agis	teneor	capiebamur	venerunt

5. IL FAUT QUE CE SOIT PARFAIT ! ✦ 7 6 18

a) Mettez les verbes (...) à la forme du parfait qui convient au sens de la phrase ;
b) Traduisez.

1. E Gergovia principes Vercingetorigem (expellere) sed Gergoviae populus eum regem (appellare).
2. Plinius (narrare) : « E Vesuvio monte cinerem (videre). Cum avunculo[5] ad amicae nostrae villam (pervenire). In eo loco (manere). Avunculus fortis[6] erat : non (fugere).

---

5 avunculus, i = l'oncle.
6 fortis, is, e = courageux.

6. COMPLÉTEZ ✦ 6 14

Complétez le tableau suivant en gardant le même verbe et la même personne de gauche à droite.

Sg. 1	addo				
2		tradidisti			
3			vincitur		
Pl. 1				vertebamus	
2					accipiebamini
3	mittunt				

7. TRANSPOSEZ ✦ 6 14

Mettez les verbes suivants au parfait (même personne).

1. disputat
2. vincis
3. tenent
4. estis
5. impero
6. incendit
7. considebant
8. addo
9. incolebas
10. habetis
11. interficiunt
12. sunt
13. do
14. educebat
15. laboras

8. VERSION ✦✦ 1 18

1. Paulo post ad Vercingetorigem reliqui Galli imperium detulerunt.
2. A Vercingetorige in omnibus Galliae finibus civitatibus obsides imperabantur.
3. Tenebris cinereque multo liberi parentesque terrebantur.
4. Cum patruum ex oppido expulit, copias magna cura paravit et cum Romanorum legionibus[7] bellum gessit[8].
5. M. Antonium pugna illustri in Graeciae regione Augustus vicit.

9. MAÎTRISEZ-VOUS LES COMPLÉMENTS DE LIEU ? ✦✦ 14 18

a) Complétez les phrases suivantes par le c.c. lieu qui correspond au schéma ;
b) Traduisez les phrases obtenues.

1. Antonius (Cleopatra) (Aegyptus) vixit.

x ○ . . . . . ⓧ . . . .

2. Antonius cum copiis (Persarum fines) (Aegyptus) revenit.

○→ . . . . →○ . . . .

3. Octavii naves (Epirus) veniebant.

→○ . . . .

4. Cleopatra cum omnibus navibus (Epirus) fugit.

○ → . . . . .

5. Post pugnam Antonius (Cleopatra) revenit.

→○ . . . .

---

7 legio, legionis = la légion.
8 bellum gerere, o cum... = faire la guerre à...

10. UN MOT DE TROP ! ✦✦✦ 10 7 18

a) Avec chaque série de mots, composez une phrase ; éliminez le mot « intrus » qui ne convient pas au sens de la phrase ;
b) Traduisez celle-ci.

1. Actii – appellavit – proelium – apud – post – populus – Augustum – Romanus – imperatorem.
2. Troianos – e – urbis – incendia – ingens – muris – depulerunt – terrifica.
3. Aegyptum – diu – per – Cleopatra – Caesare – navigavit – cum – coniugi.

11. SACHEZ « PRONOMINALISER » ✦ 1 14 18

a) Remplacez les noms soulignés par la forme de « is » qui convient.
b) Traduisez la phrase ainsi obtenue.

1. <u>Adulescentes</u> in urbe vidi.
2. <u>Deo Marti</u> milites praedam offerebant[9].
3. A <u>domino</u> servi terrebantur.
4. <u>Plinii</u> libros de Vesuvio legimus.
5. <u>Puerorum</u> metus in nocte nigra ingens erat.
6. Cum <u>Cleopatra</u> in Aegypto manere M. Antonius constituit.

2 18 7

Une grande perte !

Grave vulnus Macrinus noster accepit : amisit uxorem. Vixit cum hac triginta novem annos sine iurgio, sine offensa. Habet quidem Macrinus grande solacium : tantum bonum tam diu tenuit.

Pline le Jeune, Epist., VIII, 5, 1-2. (passim).

Vocabulaire

amittere, o, amisi	perdre	quidem	certes
bonum, i	le bien	sine (+ abl.)	sans
grandis, is, e	grand	solacium, i	la consolation
iurgium, i	la querelle, la dispute	tam	si, aussi
Macrinus, i	Macrinus (nom d'homme)	tantus, a, um	si grand
novem	neuf	triginta	trente
offensa, ae	l'offense, le heurt		

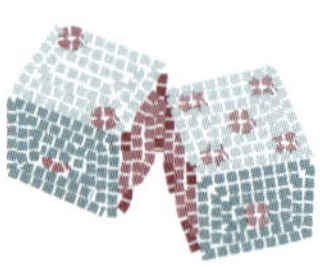

20 7

Qui a prononcé cette célèbre parole ? En quelle occasion ?

VENI, VIDI, VICI

9 offerre, offero = offrir.

Pour en savoir plus sur... un grand moment d'histoire : la fin de la République romaine

1. RAPPEL HISTORIQUE

Les trois périodes de l'histoire romaine

ROYAUTÉ		RÉPUBLIQUE	EMPIRE	
753	509	27	d'Occident → 476	
			d'Orient →	1453
Avant J.-C.			Après J.-C.	

2. LA FIN DE LA RÉPUBLIQUE : LE GRAND DÉSORDRE

Au 1er siècle A.C.N., les institutions de la République ne permettent plus d'assurer une vie politique et sociale harmonieuse à Rome. Cette période est marquée par la rivalité entre des personnages ambitieux et par une grande agitation sociale, qui entraînent des **guerres civiles**.

1. Guerre entre Marius et Sylla → victoire de Sylla en 82 A.C.N.
2. Guerre entre Pompée et César → victoire de César à Pharsale (Grèce) en 48 A.C.N.
3. Guerre entre Octave et Antoine (allié à Cléopâtre, reine d'Égypte)
   - 43 : triumvirat (= association) entre Octave – Antoine – Lépide.
   - 42 : union d'Antoine et de Cléopâtre.
   - 36 : désastreuse campagne d'Antoine contre les Parthes (S-O de la mer Caspienne).
   - 32 : le Sénat romain déclare la guerre à Cléopâtre.
   - 31 : bataille d'**Actium**
     → **défaite, puis suicides d'Antoine et de Cléopâtre.**
   - 27 : Octave devient empereur sous le nom d'Auguste.

3. CLÉOPÂTRE, UNE RICHE NATURE !

Oh ! Où m'as-tu conduit, Égypte ! Vois, je ne puis dérober ma honte à tes regards, qu'en contemplant ce que j'ai laissé derrière moi : ruine et déshonneur.

(Antoine à Cléopâtre dans la pièce de Shakespeare, « Antoine et Cléopâtre »)
Scène VII, acte III, Trad. L. Chambrun, Coll. 2 textes, Payot, Paris 1933.

Cléopâtre était très belle et dans la fleur de l'âge. Sa voix enchanteresse mettait tout le monde sous le charme. Son aspect et sa parole faisaient une telle impression sur l'homme le plus froid, le plus indifférent ou même le plus hostile aux femmes, qu'il tombait bientôt dans ses rêts...

O. de Wertheimer, Cléopâtre, Payot, Paris 1935 p. 80.

Un homme se présente au palais où réside César, un tapis de voyage, roulé en balluchon, sur l'épaule. Introduit auprès de l'« imperator », il se penche sur le paquet et déroule lentement le tapis. Un petit corps harmonieux aux membres graciles en sort, s'étire et tend les bras en souriant vers le maître du monde : c'est Cléopâtre.

D'après Benoist-Méchin, Cléopâtre ou le rêve évanoui, Clairefontaine, Lausanne, 1964.

La nef royale glisse, manœuvrant par des bancs de rames à monture d'argent, ses immenses voiles de pourpre inertes dans l'air du soir. Leurs timoniers se tiennent debout à la poupe, sous un abri qui affecte l'apparence d'une énorme tête d'éléphant, en or, la trompe dressée vers le ciel... Cléopâtre apparaît étendue sous un baldaquin passementé d'or...

Ibidem.

Cléopâtre cherche à éblouir Antoine par le luxe de ses banquets...

Sur son ordre, un esclave dépose devant elle une coupe contenant un peu de vinaigre. Vivement, elle détache une énorme perle qui lui sert de boucle d'oreille et la fait tomber dans le vinaigre, où elle se dissout. Ayant bu le contenu de la coupe, elle s'en fait apporter une autre et s'apprête à faire tomber la deuxième perle...

Ibidem.

8 13 5

2e chapitre : Quels éléments de cette synthèse retrouvez-vous dans le texte de l'étape 5 ?

3e chapitre : De quels atouts de séduction Cléopâtre usait-elle ?

La marque du dieu !

Le vainqueur d'Actium, qui devait devenir l'empereur Auguste, était promis à une grande destinée dès avant sa naissance. Voici en effet l'étrange histoire qu'on racontait à propos de sa mère Atia : « S'étant rendue au milieu de la nuit à une cérémonie solennelle en l'honneur d'Apollon, Atia fit placer sa litière dans le temple et s'y endormit, tandis que les autres matrones rentraient à la maison ; or, un serpent se glissa tout à coup auprès d'elle et se retira bien après ; dès ce moment, elle porta sur le corps une tache affectant la forme d'un serpent et jamais elle ne put la faire disparaître, si bien qu'elle dut renoncer pour toujours aux bains publics ; et, comme Auguste naquit neuf mois après, on le considéra dès lors comme le fils d'Apollon. »

Suétone, Auguste, 94.

VOULEZ-VOUS JOUER ? ⇨ page 176

Auguste, empereur romain, en chef d'armée.
(Musée du Vatican, Rome.)

Vocabulaire

NOMS

1re déclinaison (féminins)

Roma, ae — Rome

2e déclinaison (masculins)

finitimus, i — le voisin (latin : finis, is)

Sabinus, i — le Sabin

Romulus, i — Romulus

3e déclinaison (masculins-féminins)

multitudo, multitudinis — la foule, le grand nombre — multitude

senior, senioris — l'aîné, le plus âgé — senior

senator, senatoris — le sénateur

senectus, senectutis — la vieillesse (latin : senex, is)

natio, nationis — la nation

virgo, virginis — la jeune fille — virginité

3e déclinaison (neutres)

nomen, nominis — le nom — nominal

ADJECTIFS

1re classe

vicinus, a, um — voisin — vicinal

ADVERBES

tum/tunc — alors

PRÉPOSITIONS

ex (+ *abl.*) — ICI : d'après, parmi

propter (+ *acc.*) — à cause de

CONJONCTIONS

quia (+ *indic.*) — parce que

Latine Loquimur — Nous parlons latin

Qui bene* amat bene castigat

* bene = bien

VERBES

1re conjugaison

vocare, o, avi, atum — appeler — vocation

nominare, o, avi, atum — nommer — nomination

invitare, o, avi, atum — inviter

2e conjugaison

commovere, eo, commovi, commotum — susciter, déclencher

3e conjugaison

condere, o, condidi, conditum — fonder

eligere, o, elegi, electum — choisir — élection

4e conjugaison bis

recipere, io, recepi, receptum — recueillir, accueillir — réception

rapere, io, rapui, raptum — enlever — rapt

Rapt à l'italienne

6

Acquisitions grammaticales

Pronoms

- **le relatif** : qui, quae, quod.

Verbes

- **notion de thème du supin** (=TH^3).
- **– le participe parfait, voix passive**
  – l'indicatif parfait, voix passive.

Syntaxe des propositions

- **la proposition relative** (= P^2 relative).

Centre d'intérêt : Rome sous les rois.

Romulus civitatem condidit quam ex nomine suo Romam vocavit. Multitudinem finitimorum recepit ; centum ex senioribus elegit quos senatores nominavit propter senectutem.
Tunc, quia uxores ipse et populus non habebant, invitavit ad spectaculum ludorum vicinas urbis Romae nationes quarum virgines rapuit.
Commota sunt bella propter virgines raptas ; Romulus vicit Sabinos aliasque civitates.

D'après Eutrope, I, 2-3 (passim).

Synthèse

PRONOMS

• LE PRONOM RELATIF « QUI, QUAE, QUOD »

I. DÉCLINAISON

	Singulier			Pluriel		
	Masculin	*Féminin*	*Neutre*	*Masculin*	*Féminin*	*Neutre*
Nominatif	qui	quae	quod	qui	quae	quae
Accusatif	quem	quam	quod	quos	quas	quae
Génitif	cuius	cuius	cuius	quorum	quarum	quorum
Datif	cui	cui	cui	quibus	quibus	quibus
Ablatif	quo	qua	quo	quibus	quibus	quibus

II. RÈGLE D'ACCORD

• Observez

ANTÉCÉDENT
↓
Nationes invitavit **quarum** virgines rapuit.

F. Pl. — *Gén. F. pl.* ↑

complément du nom

Il invita **des peuples** **dont** il enleva les jeunes filles.

↑ *Proposition principale* = P[1]

↑ *Proposition relative* = P[2]

• Concluez

Le pronom relatif varie :

EN GENRE
EN NOMBRE } d'après **le genre et le nombre** de son **antécédent**

EN CAS d'après **la fonction qu'il remplit** dans la P[2] **relative.**

Nous appellerons

P[1] les propositions principales

P[2] les propositions subordonnées ou enchâssées

Attention à l'**emploi du pronom relatif avec la préposition « cum »**
On peut dire :

{ quocum / cum quo	{ quacum / cum qua	{ quibuscum / cum quibus
= avec lequel	= avec laquelle	= avec lesquel(le)s

VERBES

I. Notion de thème du supin (= TH_3)

A. DÉFINITION

Le **supin**, forme rarement utilisée telle quelle, est la **dernière forme des temps primitifs.**
En lui retirant sa désinence -UM, on obtient le TH_3.

Exemple :

amare, amo — amavi, — amatum ↓ = SUPIN

→ TH_1 = **ama-** → TH_2 = **amav-** → TH_3 = **amat-**

Remarque

Pour un verbe de la 1re **conjugaison**, $TH_3 = TH_1 + T$

B. UTILISATION DU THÈME DU SUPIN (TH_3) : VOIX PASSIVE

PARTICIPE	aimer TH_3 : **amat-**	
Parfait	amatus, a, um	= (ayant été) aimé

INDICATIF	aimer TH_3 : **amat-**		
Parfait	amatus, a, um	sum es est	= j'ai été aimé / je fus aimé(e)
	amati, ae, a	sumus estis sunt	

II. Le participe parfait voix passive

A. FORMATION

TH_3 + désinences d'un adjectif de la 1re classe.

Exemple :

vincere, vinco, vici, VICT -UM
↳ participe parfait = VICT -US, A, UM (= vaincu)

Étape 6

B. EMPLOIS

Le participe parfait voix passive peut être employé

sans AUXILIAIRE

Il fonctionne alors comme un ADJECTIF ÉPITHÈTE.

Exemple :

Galli animalia <u>capta</u> immolant.
Acc.N.Pl. *Acc.N.Pl.*

Les Gaulois sacrifient les animaux <u>capturés</u>.

TOUS LES CAS sont possibles : accord avec le nom auquel il se rapporte.

avec l'AUXILIAIRE ÊTRE

Il sert alors à composer l'INDICATIF PARFAIT VOIX PASSIVE et fonctionne comme un ADJECTIF ATTRIBUT.

Exemple :

Senatores a Romulo <u>electi sunt</u>.
Nom.M.Pl. *Nom.M.Pl.*

Des sénateurs ont été élus par Romulus.

Uniquement au **NOMINATIF** : accord avec le sujet.

Comparez

	voix active : TH_2	voix passive : TH_3
Ind. parfait :	AMAV -it	AMATUS, A, UM EST
	il { **a** aimé / aima / (**eut** aimé)	il { **a été** aimé / **fut** aimé / (**eut été** aimé)

LE CARRÉ DES THÈMES : UN AIDE-MÉMOIRE POUR LA CONJUGAISON

		VOIX ACTIVE	VOIX PASSIVE
		TH_1 : MONE-	TH_1 : MONE-
INDICATIF	présent	mone t = il avertit	mone tur = il **est** averti
INDICATIF	imparfait	mone ba t = il avertissait	mone ba tur = il **était** averti
INFINITIF	présent	mone re = avertir	
		TH_2 : MONU-	TH_3 : MONIT-
INDICATIF	parfait	monu it = il **a** averti avertit (**eut** averti)	monit us est = il **a été** averti **fut** averti (**eut été** averti)
INDICATIF	plus-que-parfait [1]	monu era t = il **avait** averti	monit us erat = il **avait été** averti
PARTICIPE	parfait	⚠ il n'existe pas	monit us a, um = (**ayant été**) averti

1 Le plus-que-parfait, qui apparaît déjà dans certains exercices de cette étape, sera détaillé à l'étape 7.

Utilisez vos apprentissages...

1. ACCOUTUMEZ-VOUS AU THÈME DU SUPIN (TH_3) ✦ 14 6

a) **Dégagez** le TH_3 des verbes suivants.
b) **Formez-en** – le participe parfait V.P. (au nom.sg./pl. des 3 genres) ;
– l'indicatif parfait V.P. (1re p. sg. du masculin).

requirere – vertere – tenere – interficere – ferre – vocare – condere – eligere

2. OBSERVEZ L'UTILISATION QUI EST FAITE DU TH_3 ✦ 15 11

a) **Traduisez** les formes verbales suivantes.
b) **Précisez** les cas, genre et nombre des participes parfaits.

1. datus est
2. aedificatus
3. traditam
4. invitatus sum
5. electae sumus
6. culti
7. scriptum est
8. expulsae sunt
9. lati estis
10. requisitos

3. JONGLEZ AVEC LE PARTICIPE PARFAIT PASSIF ✦✦ 14 6

a) **Formez** le participe parfait passif des verbes (...).
b) **Accordez-le** avec le nom.
c) **Traduisez** le groupe.

1. senatoris (nominare)
2. virginum (rapere)
3. Vercingetorigi (expellere)
4. obsidibus (eligere)
5. animal (immolare)

4. LE PARTICIPE PARFAIT PASSIF ÉPITHÈTE ✦✦ 11 1 18

a) **Repérez** le participe parfait passif.
b) **Analysez-le** (cas, genre, nombre) et **reliez-le** au nom dont il est **épithète**.
c) **Traduisez** la phrase.

1. Propter virgines raptas finitimi bellum commoverunt.
2. Servi in pugnis capti a legionariis Romanis in Italiam ducebantur.
3. In civitatem a Romulo conditam venerunt multi finitimi.
4. Bellum civile a M. Antonio commotum crudelissimum fuit.
5. Nomen civitati datum a Romulo ex suo electum est.

5. VICE-VERSA ✦✦ 11 6

a) **Traduisez** les formes verbales suivantes.
b) **Mettez les formes actives à la voix passive et vice-versa.**

1. addidit
2. duratus est
3. coluerunt
4. vicit
5. exercui
6. nominati sunt
7. exspectavisti
8. actus est
9. dederunt
10. expulistis

Étape 6

6. OUVREZ L'ŒIL ! ✦✦ 11 18

Cette fois, tous les modes et temps rencontrés sont repris dans le même exercice ; analysez bien avant de **traduire**.

DE LA FORME ISOLÉE...

1. vixi
2. ductus es
3. vocati
4. conduntur
5. concurrerunt
6. raperis
7. scriptae
8. recipimur
9. incendebantur
10. poteratis

... À LA FORME INTÉGRÉE DANS UNE PHRASE.

1. In urbem a Romulo conditam Sabini venerunt.
2. Lingua omnes differunt.
3. Miles, transire non potes.
4. A Romulo nominati sunt.
5. Animalia capta immolabantur.
6. Romule, cur vicinae civitatis virgines rapuisti ?
7. Centum ex senioribus electi sunt.
8. A Romanis multa bella gesta sunt.
9. Obsides Vercingetorigi traditi sunt.
10. Virgines raptae in Romuli urbe manserunt.

7. PLEINS FEUX SUR LE PRONOM RELATIF ! ✦✦ 1 18

a) **Mettez la subordonnée relative entre [...].**
b) **Précisez** pour chaque pronom relatif ses cas, genre, nombre et sa fonction.
c) **Justifiez** cette analyse par 2 flèches, selon le modèle suivant :

F. sg.

Romulus civitatem condidit [quam Romam vocavit.]

Acc. (C.O.D.)

d) **Traduisez les phrases complètes.**

1. De Romulo qui Romam condidit fabulam legimus.
2. Bellum quod a finitimis commotum est crudelissimum fuit.
3. Vicinas nationes quarum virgines rapuit Romulus invitavit.
4. Vercingetorix cui Gallorum populus parebat severitate ingenti imperabat.
5. In oppido e quo Vercingetorix a principibus expulsus est bellum contra Romanos parabatur.

8. RELATIVONS ENCORE ! ✦✦ 11 18

Traduisez.

Série A.

Civitas **quae** a Romulo condita est
quam Romulus condidit
cuius nomen omnes sciunt[2]
de **qua** multos libros legimus
in **quam** multi finitimi recipiebantur
Roma vocata est.

Série B.

Vercingetorigi **quem** patruus ex oppido expulerat
cuius pater quoque expulsus erat
qui facile clientes incendebat
de **quo** multas fabulas audivimus
cui multi Galli parebant
imperium delatum est.

9. FAITES LE BON CHOIX ! ✦✦ 3 18

a) **Entourez** le pronom relatif qui convient.
b) **Traduisez** les phrases.

1. Galli deo Marti, (quem – qui – cuius) iram timebant, praedam dabant.
2. Galli deos multos, (quibus – cui – quos) animalia capta immolabant, colebant.
3. Cum adulescentibus de deorum ira, (quae – qua – cuius) terrebantur, druides disputabant.
4. Multi homines (qui – quorum – quos) Romulus in civitatem accepit finitimi erant.
5. Nomen (quem – quae – quod) civitati Romulus dedit omnibus notum est.

10. ENRICHISSEZ VOTRE VOCABULAIRE FRANÇAIS 3 13

Pour chaque mot français ci-dessous, une seule des trois définitions proposées est valable.
Trouvez-la en songeant à l'étymologie du mot à définir !

A. **virginal** : 1° qui vit autrement que les autres ;
2° qualifie un signe de ponctuation ;
3° qui convient à une jeune fille.

B. **primordial** : 1° qui aime l'ordre ;
2° qui passe avant toute autre préoccupation ;
3° peu évolué.

C. **régicide** : 1° qui a tué un roi ;
2° qui établit des règles fixes ;
3° qui a tué son père.

D. **illégalité** : 1° différence entre deux choses ;
2° action de respecter la loi ;
3° désigne ce qui est contraire à la loi.

E. (monnaie) **scripturale** : 1° en billets de banque ;
2° en pièces gravées ;
3° en chèques.

2 scire, io = savoir.

2 18 7

Coriolan

Octavo decimo anno post eiectos reges, expulsus ex Urbe Quintus Marcius, dux Romanorum, qui Coriolos ceperat, ad hostes contendit et auxilia contra Romanos accepit eosque saepe vicit. Usque ad quintum milliarium Urbis accessit, oppugnaturus etiam patriam : legati qui pacem petebant ab eo repudiati sunt. Sed ad eum mater Veturia et uxor Volumnia ex Urbe venerunt ; earum deprecatione superatus exercitum removit.

D'après Eutrope, I, 14.

Vocabulaire

accedere, o, accessi, accessum .... approcher
auxilium, i .... l'aide, le renfort
contendere, o, contendi, contentum .... se diriger
Corioli, Coriolorum ...... Corioles (ville d'Italie)
deprecatio, deprecationis . . la prière
dux, ducis .... le chef
eicere, io, eieci, eiectum . . chasser
etiam .... même, aussi
exercitus, us .... l'armée
legatus, i .... l'ambassadeur
milliarium, i .... la borne (= ± 1,5 km)
octavus decimus, a, um . . . dix-huitième
oppugnaturus, a, um . . . . prêt à attaquer (participe futur)
patria, ae .... la patrie
pax, pacis .... la paix
petere, o .... demander
quintus, a, um .... cinquième
Quintus Marcius, i ..... Quintus Marcius (nom d'homme)
removere, eo, removi, remotum .... renvoyer
repudiare, o, avi, atum . . rejeter, renvoyer
superare, o, avi, atum . . . vaincre
usque ad (+ *acc.*) .... jusqu'à
Veturia, ae .... Veturia (nom de femme)
Volumnia, ae .... Volumnia (nom de femme)

7 3

Voici des noms de personnages liés à l'histoire de Romulus.
Replacez-les dans la phrase qui convient... au **cas** qui convient !

Rhea Silvia — Remus — Aeneas — Mars

1. . . . . fratrem Romulus occidit.
2. Dei . . . . . . Romulus filius erat.
3. . . . . , Romuli matrem, patruus Vestalem fecit.
4. . . . . , qui cum patre et filio Troiam fugerat, in Italiam pervenit.

Pour en savoir plus sur... Rome sous les rois

1. ROME ET SES VOISINS

2. ROME ET SES 7 ROIS

1. Romulus

2. Numa Pompilius
3. Tullus Hostilius
4. Ancus Martius

} origine sabine

5. Tarquin l'Ancien
6. Servius Tullius
7. Tarquin le Superbe

} origine étrusque

3. ROME ET SES 7 COLLINES

Le berceau de Romulus et Rémus échoua au pied du Palatin : c'est sur cette colline que fut fondée Rome. Tullus Hostilius agrandit la ville en y ajoutant le Mont Célius. La cité s'étendit sur le Janicule et l'Aventin sous le règne d'Ancus Martius. Tarquin l'Ancien installa sur le Capitole sa citadelle. Enfin, l'extension du territoire aux monts Quirinal, Viminal et Esquilin se fit sous Tarquin le Superbe.

La louve romaine
(Musée du Capitole, Rome)

15 20

Écrivez le nom des 7 collines
à côté du n° correspondant.

1. A .... (40 m)
2. P .... (51 m)
3. C .... (49 m)
4. C+ .... (48 m)
5. E .... (58 m)
6. V .... (54 m)
7. Q .... (69 m)

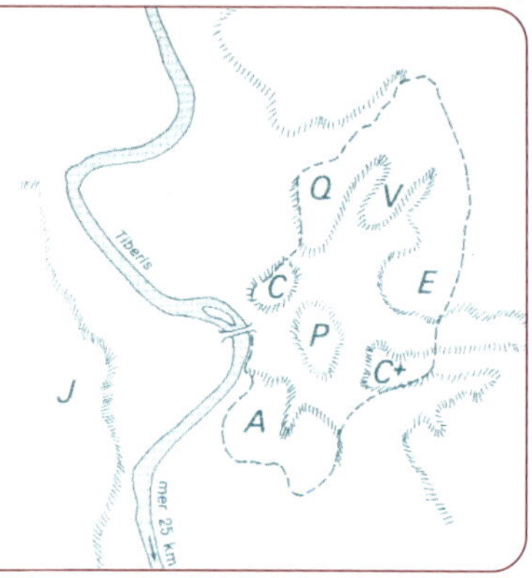

4. QUELQUES ANECDOTES CÉLÈBRES DE L'ÉPOQUE ROYALE

1. La mystérieuse disparition de Romulus

Romulus siégeait en réunion avec son conseil lorsqu'un orage s'éleva tout à coup ; une nuée opaque entoura le roi et quand elle se dissipa, il avait disparu ! On crut qu'il avait été admis parmi les dieux, et on l'honora dorénavant comme une divinité. Mais des esprits plus sceptiques murmurèrent que cette étonnante disparition pourrait être un assassinat déguisé. Le mystère reste entier !

2. La trahison de Tarpeia (sous Romulus)

Comme les Sabins approchaient de Rome, ils rencontrèrent la jeune Tarpeia, la fille du commandant de la citadelle. T. Tatius, le chef des Sabins, lui promit, si elle conduisait son armée au Capitole, de lui offrir un cadeau de son choix. La jeune fille accepta, demandant pour prix de sa trahison, ce que les guerriers portaient au bras gauche – à savoir leurs riches bracelets. Tarpeia mena donc les Sabins à la citadelle. Tatius ordonna alors de l'écraser sous les boucliers : en effet, à la main gauche ils portaient aussi des boucliers !

3. La fin de la royauté : l'ascension du consul Brutus (sous Tarquin le Superbe)

Junius Brutus était le neveu de Tarquin. Son frère, riche et doué, avait été éliminé par leur oncle. De crainte de connaître le même sort, Junius simulait la stupidité – ce qui lui valut le surnom de Brutus. Il fut envoyé à Delphes, la cité sacrée d'Apollon, avec les fils de Tarquin. Les jeunes gens allèrent demander à l'oracle qui serait le futur maître de Rome. Il leur fut répondu que le pouvoir suprême appartiendrait à celui qui, le premier, embrasserait sa mère. Aussitôt Brutus se laissa tomber sur le sol et embrassa la terre. N'est-elle pas en effet la mère commune à tous les mortels ?

VOULEZ-VOUS JOUER ? ➪ page 177

Quand les femmes s'en mêlent !

La guerre entre Romains et Sabins eut une fin heureuse ; écoutons Tite-Live nous la raconter : « *Les Sabines, dont le rapt avait amené la guerre, les cheveux épars, les vêtements déchirés, surmontant dans leur malheur la timidité de leur sexe, n'hésitèrent pas à s'élancer au milieu d'une grêle de traits et à se jeter entre les combattants pour mettre fin à la bataille. Elles suppliaient tour à tour leurs pères et leurs maris...*

L'émotion gagne à la fois les soldats et les chefs. On se tait, on s'apaise soudain. Puis, afin de conclure un traité, les chefs s'avancent... »

Tite-Live, Hist. romaine I, 13.

Via Appia antique, Rome. © G.Gasponi

Vocabulaire

NOMS

1re déclinaison (féminins)

Porta Capena, ae	la porte de Capène	
victoria, ae	la victoire	
puella, ae	la fille, la jeune fille	

2e déclinaison (masculins)

Horatius, i	Horace	
sponsus, i	le fiancé	
animus, i	l'esprit, le cœur, le courage	animé
humerus, i	l'épaule	humérus
Curiatius, i	Curiace	

2e déclinaison (neutres)

spolia, orum (*pluriel*)	la dépouille guerrière, le butin	spolier
paludamentum, i	le manteau	
gaudium, i	la joie	

3e déclinaison (masculins-féminins)

soror, sororis	la sœur	
frater, fratris	le frère	fraternel
crinis, crinis (M.)	le cheveu	crinière
iuvenis, iuvenis	le jeune homme	juvénile
comploratio, complorationis	la lamentation	
amor, amoris	l'amour	

ADJECTIFS

1re classe

trigeminus, a, um	triple
obvius, a, um esse (+ *dat.*)	aller à la rencontre de...
desponsus, a, um	fiancé
mortuus, a, um (*part. passé*)	mort
tantus, a, um	si grand
immaturus, a, um	qui n'est pas mûr, immature
unus, a, um	un seul (*Dat. sg.* = uni)

2e classe

princeps, –, – (principis)	premier
ferox, –, – (ferocis)	féroce, fougueux

ADVERBES

hinc	d'ici
flebiliter	en pleurant
itaque	c'est pourquoi

PRÉPOSITIONS

prae (+ *abl.*)	devant	préfixe
ante (+ *acc.*)	devant	antérieur
super (+ *acc.*)	au-dessus de	supérieur

VERBES

2e conjugaison

movere, eo, movi, motum	ébranler, toucher	moteur, émotif

3e conjugaison

cognoscere, o, cognovi, cognitum	connaître, reconnaître	incognito
gerere, o, gessi, gestum	porter	
Expression : **prae se gerere**	exhiber, montrer	
solvere, o, solvi, solutum	dénouer, défaire	dissolution
stringere, o, strinxi, strictum	dégainer, serrer	
transfigere, o, transfixi, transfixum	transpercer	

4e conjugaison bis

conficere, io, confeci, confectum	confectionner, achever

Irréguliers

ire, eo, i(v)i, itum	aller
abire, abeo, abi(v)i, abitum	s'en aller
abi ! (= *imp. présent*)	va-t'en !
inquit	dit-il, dit-elle

Latine Loquimur — Nous parlons latin

Vae* victis

* vae (+ Dat.) = malheur à...

Un frère intraitable 7

Acquisitions grammaticales

Verbes
- l'indicatif plus-que-parfait (V.A./V.P.).

Syntaxe des propositions
- l'ablatif absolu (= P² ablatif absolu).

Centre d'intérêt : Les Horaces et les Curiaces.

Sous la royauté, les **Romains** *et les* **Albains**, *pour éviter les conséquences désastreuses d'une guerre, se sont choisi des champions qui s'affronteront : les trois frères* **Curiaces** *dans le camp albain, les trois frères* **Horaces** *chez les Romains. Un seul, un Horace, survit au combat, apportant ainsi aux siens la victoire sur les Albains. Mais cette journée historique aura une fin tragique.*

Princeps Horatius ibat ; trigemina spolia prae se gerebat. Ei soror virgo, quae desponsa uni ex Curiatiis fuerat, obvia ante portam Capenam fuit, cognitoque super humeros fratris paludamento sponsi quod ipsa confecerat, solvit crines et flebiliter nomine sponsum mortuum appellat. Movet ferocis iuvenis animum comploratio sororis in victoria sua tantoque gaudio publico. Stricto itaque gladio, transfigit puellam : « Abi hinc cum immaturo amore ad sponsum », inquit.

D'après Tite-Live, Histoire romaine, I, 26, 2-3.

Étape 7

Synthèse

I. VERBES

L'indicatif plus-que-parfait

FORMATION

V.A.	V.P.
TH_2 + era + désinences de l'imparfait	Participe parfait passif + verbe « esse » à l'indicatif imparfait

TH_2
= j'avais aimé
amav era m
amav era s
amav era t
amav era mus
amav era tis
amav era nt

TH_3	
= j'avais été aimé	
amatus, a, um	eram
	eras
	erat
amati, ae, a	eramus
	eratis
	erant

II. SYNTAXE DES PROPOSITIONS

L'ablatif absolu

A. DÉFINITION

1. En français existe une tournure semblable à l'**ablatif absolu** latin : il s'agit de la **proposition participiale** équivalant, en réalité, à une P^2.

   Exemple :

Prop. participiale

LE CHAT PARTI,	les souris dansent.
↓ *sujet* ↓ *participe*	
= P^2	= P^1

2. En latin, l'**ablatif absolu** est une proposition participiale composée :

a) d'un **sujet** à l'**ablatif**

b) d'un **participe**
- souvent au **parfait passif**
- accordé en **cas, genre, nombre** avec ce sujet.

Exemple :

Ablatif absolu

Horatia, | COGNITO (2) PALUDAMENTO (1), | solvit crines.

COGNITO ↓ *Part. parfait* V.P. Abl. N. Sg. ← PALUDAMENTO ↓ *Sujet* Abl. N. Sg.

= P^2

= P^1

Traductions
- littérale : **Le manteau (ayant été) reconnu,**
- littéraire : **Après avoir reconnu le manteau,**

} **Horatia dénoua ses cheveux.**

B. LES DÉSINENCES DU PARTICIPE PARFAIT PASSIF DANS UN ABLATIF ABSOLU

		Masc.	Fém.	Neut.
Sg.	cognit	-o	-a	-o
Pl.	cognit	-is	-is	-is

Rappel ! Formation du part. parfait passif : TH_3 + US, A, UM

Le PARTICIPE PARFAIT VOIX PASSIVE exprime une ANTÉRIORITÉ par rapport au verbe principal.

Exemple :

[Gladio stricto], puellam transfixerat.

└ Antériorité ↗

Traductions
- littérale : **Le glaive (ayant été) dégainé,**
- littéraire : **Après avoir dégainé son glaive,**

} **il en avait transpercé la jeune fille.**

Utilisez vos apprentissages...

1. PRÉPAREZ-VOUS À L'ABLATIF ABSOLU ! ✦ 14 6

Formez le **participe parfait passif** des verbes suivants ; donnez à chacun d'eux **toutes les désinences possibles de l'ablatif.**

addere – vertere – ferre – conficere – expellere – movere – dare – accipere – colere – transfigere

2. COMPOSEZ UN ABLATIF ABSOLU ✦✦ 6 14

Voici 5 groupes de 2 mots (un nom au nom. sg. + un verbe à l'infinitif). **Composez un A.A.** avec chacun de ces groupes : **au sing. puis au plur.**

1. animus + movere
2. deus + colere
3. virgo + transfigere
4. soror + appellare
5. animal + immolare

3. MAÎTRISEZ-VOUS L'ABLATIF ABSOLU ? ✦✦ 18 3

Traduisez les phrases suivantes en proposant pour l'A.A.
a) une traduction littérale (= mot à mot)
b) une traduction littéraire (= traduction améliorée).

1. Virgo, crinibus solutis, sponsum nomine appellavit.
2. Vercingetorix, incensis clientibus, consensu omnium rex appellatus erat.
3. Etiam sanato vulnere, cicatrix[1] manet.
4. M. Antonius, bello civili commoto, ab Augusto victus est.
5. Multi, terrae tremore audito, fugerant.

4. CHACUN À SA PLACE ! ✦✦ 7 3

a) **Complétez** les phrases suivantes par un ablatif absolu choisi dans la liste suivante.
b) **Traduisez** les phrases obtenues.

ANIMALIBUS CAPTIS IMMOLATIS – LIBERORUM VOCIBUS COGNITIS – TAURO VISO – GALLIS PUGNA CLARA APUD ALESIAM VICTIS – SORORIS CLAMORIBUS[2] AUDITIS

1) .... druides deos orabant[3].
2) .... Caesar in Italiam cum copiis revenit.
3) .... matres in nocte nigra discurrebant.
4) .... ira motus est Horatius.
5) .... metus adulescentes in fugam vertit.

1 cicatrix, cicatricis = la cicatrice.
2 clamor, is = le cri.
3 orare, o = prier.

5. ÉLARGISSEZ VOTRE MAÎTRISE DE LA CONJUGAISON ! ✦ 15 11

Traduisez

1. transfixa est
2. strictum
3. studueram
4. confecerunt
5. movimus
6. abieratis
7. solvebatur
8. condita erat
9. nominati sunt
10. vocaverant
11. eligimur
12. gesti erant
13. rapiebantur
14. victis
15. fueras

6. SACHEZ CRÉER DES ABLATIFS ABSOLUS ! ✦✦✦ 6 14

Formez dans chaque phrase un **ablatif absolu** en donnant au verbe entre (...) la forme qui convient.

1) Antonius, Cleopatra (videre), in Aegypto manere statim constituit.
2) Servi, domino crudelissimo (verberare), per agros statim fugerunt.
3) Anima, Charonti pecunia (dare), ad alteram ripam transierat.
4) Urbe a Romulo (condere), vicinae nationes ad ludorum spectaculum invitatae sunt.
5) Vicinis nationibus (invitare), virgines Romani avidissimis oculis spectaverant.

7. UN PEU D'ÉTYMOLOGIE ✦✦✦ 13 7

a) Quel est le mot latin à l'origine du mot français souligné ?
b) Traduisez-le.
c) Expliquez le sens de la phrase.

1. Grâce à ce traitement, vous ferez une véritable cure de <u>jouvence</u>.
2. Le roi a ordonné la <u>dissolution</u> du parlement.
3. César rêvait depuis longtemps du <u>principat</u>.
4. Les cours ont reçu une nouvelle <u>dénomination</u>.
5. L'usine moderne a depuis longtemps remplacé les <u>manufactures</u>.
6. Ce vieillard a gardé une allure <u>juvénile</u>.
7. Mon rêve serait d'être <u>omniscient</u>.
8. Il m'a <u>impérativement</u> demandé de venir le rejoindre.

8. VARIATIONS ✦✦ 1 18

Observez bien les différentes structures utilisées avant de **traduire** les phrases suivantes.

1. Principes Vercingetorix ex oppido Gergovia expulit.
2. A Vercingetorige principes ex oppido Gergovia expulsi sunt.
3. Vercingetorix, principibus Gergovia expulsis, rex a suis appellatus est.
4. Vercingetorix, quem populus regem nominaverat, ingenti severitate regnabat[4].
5. Vercingetorix, cuius severitas ingens erat, rex a suis appellabatur.
6. Obsidibus acceptis, Vercingetorix ingenti severitate regnabat.
7. Imperio ad Vercingetorigem delato, obsides civitates miserunt.
8. Obsidibus missis, omnes civitates Vercingetorigi parebant.

---

4 regnare, o = régner.

2 18 7

César ne plaisante pas !

Itaque Caesar, nondum hieme confecta, proximis quattuor coactis legionibus, de improviso in fines Nerviorum contendit et, magno pecoris atque hominum numero capto atque ea praeda militibus concessa vastatisque agris, eos in deditionem venire atque obsides dare coegit.

César, B. G. VI, 3, 1-3 (passim).

Vocabulaire

atque	et
cogere, o, coegi, coactum	forcer, contraindre (à)
concedere, o, concessi, concessum	accorder, céder
conficere, io, confeci, confectum	achever
contendere, o, contendi, contentum	marcher, aller
de improviso	à l'improviste
hiems, hiemis	l'hiver
in deditionem venire	capituler, se rendre
itaque	c'est pourquoi
legio, legionis	la légion
Nervii, orum	les Nerviens
nondum	ne pas ... encore
pecus, pecoris	le petit bétail
proximus, a, um	le plus proche
vastare, o, avi, atum	dévaster

13 10

Charades

A. Mon premier est le symbole chimique du cuivre.
Mon deuxième se mange en Chine.
Mon troisième est apprécié des joueurs de cartes.
Mon tout est un héros antique célèbre.

B. Mon premier n'est pas habillé.
Mon deuxième est un adjectif possessif.
Mon troisième franchit la rivière.
Mon quatrième est propre à la vache.
Mon cinquième offre le sommeil.
Mon sixième est une habitude.
Mon tout est un roi de Rome.

Pour en savoir plus sur... le combat des Horaces et des Curiaces

1. LA BATAILLE

Premier round : mauvais départ pour les Romains !

On donne le signal et, comme deux bataillons, les six jeunes gens vont à l'offensive, concentrant en eux le courage de deux grandes armées. Les uns et les autres oublient leur propre danger pour ne penser qu'à leur nation, à sa puissance ou à son asservissement et à la destinée de leur patrie, qui sera ce qu'eux seuls l'auront faite. Dès le premier choc, le cliquetis des armes, l'éclair des épées firent passer un grand frisson dans l'assistance saisie ; l'espoir ne penchait d'aucun côté ; tous en perdaient la voix et le souffle ; mais quand la mêlée fut engagée, quand ce ne furent plus seulement des corps en mouvement, des épées et des boucliers brandis sans résultat qui s'offrirent à la vue, mais bien des blessures et du sang, les trois Albains étaient blessés, tandis que deux Romains s'abattaient mourants l'un sur l'autre. Leur chute fit pousser des cris de joie à l'armée albaine ; les légions romaines, dès lors sans espoir, mais non sans inquiétude, tremblaient pour leur unique champion que cernaient les trois Curiaces.

Deuxième round : la victoire revient au plus futé !

Par bonheur il était indemne, trop faible, à lui seul, il est vrai, pour tous ses adversaires réunis, mais redoutable pour chacun pris à part. Afin de les combattre séparément, il prit la fuite, en se disant que chaque blessé le poursuivrait dans la mesure de ses forces. Il était déjà, dans sa fuite, à une certaine distance du champ de bataille, quand il tourne la tête et voit ses poursuivants très espacés. Le premier n'était pas loin : d'un bond, il revient sur lui, et tandis que les Albains crient aux Curiaces de porter secours à leur frère, Horace avait déjà tué son adversaire, et, vainqueur, marchait au second combat. Poussant les acclamations dont la faveur accueille toujours un succès inespéré, les Romains encouragent leur champion, et lui, expédie le combat rapidement. Sans donner au dernier Curiace, qui n'était pourtant pas loin, le temps d'arriver, il tue l'autre. Maintenant la lutte était égale, survivant contre survivant ; mais ils n'avaient ni le même moral, ni la même force. L'un, exempt de toute atteinte et deux fois vainqueur, marchait fièrement à son troisième combat ; l'autre s'y traînait, épuisé par sa blessure, épuisé par sa course ; déjà vaincu pour avoir vu tomber ses frères, il s'offre aux coups du vainqueur. Ce ne fut pas un combat. Le Romain s'écrie avec transport : « J'ai donné deux victimes aux Mânes de mes frères ; la troisième, c'est à l'objet de cette guerre, à la suprématie de Rome sur Albe que je vais la donner. » C'est à peine si l'Albain pouvait porter ses armes ; il lui plonge d'en haut son épée dans la gorge, l'abat et le dépouille.

TITE-LIVE, *Hist. romaine*, I, 25 passim, traduction de G. Baillet pour la collection des Universités de France, Paris, Belles Lettres, 1975.

2. COMMENT TOUT CELA A-T-IL FINI ?

Après sa victoire sur les Curiaces, Horace revient fièrement dans la ville. Mais vous savez que sa rencontre avec sa soeur va donner aux événements une tournure inattendue. Relisez le texte 7 que vous avez traduit !

Ce meurtre ne restera pas sans suite : Horace sera poursuivi en justice, devant le roi d'abord, puis devant des magistrats. La peine prévue par la loi est terrible : « On voilera la tête du coupable, on le suspendra par une corde au poteau d'infâmie et il mourra sous les verges ». D'abord condamné, Horace ira en appel devant le peuple qui prononcera l'acquittement, plutôt en raison de son courage admirable que du bien-fondé de sa cause...

7 13 17

Avez-vous lu attentivement les textes ci-dessus ? Répondez alors aux questions suivantes :

1. L'exploit d'Horace est exemplaire d'une victoire de l'intelligence sur la force ; pourquoi ?
2. Que savez-vous des Mânes ?

Un autre bel exemple de patriotisme aux premiers temps de Rome !

Durant le siège de Rome par les Étrusques en 507 A.C.N., Mucius Scaevola, un jeune Romain, pénétra dans le camp ennemi où la solde était distribuée aux soldats. Croyant mettre à mort Porsenna, le roi des Étrusques, il tua son secrétaire. Conduit devant le roi, il plaça sa main droite dans un brasier ardent comme pour la punir de s'être trompée. On l'appela dès lors « Scaevola », c'est-à-dire le « gaucher ».

Portrait de jeune fille - fresque de Pompéi
(Naples - Musée National)

VOULEZ-VOUS JOUER ? ➪ page 178

L'Arc de Titus et la Via Sacra au début du Forum romain (Rome).

Étape 7

Vocabulaire

NOMS

1re déclinaison (féminins)

sarcina, ae	le bagage, le paquet	
insidiae, arum *(pl.)*	l'embuscade, le guet-apens	insidieux
pecunia, ae	l'argent	pécuniaire

2e déclinaison (masculins)

mulus, i	le mulet	
nummus, i	la monnaie, la pièce	
fiscus, i	le panier	
saccus, i	le sac	

2e déclinaison (neutres)

ferrum, i	le fer, l'arme	ferreux
hordeum, i	l'orge	
argumentum, i	la preuve, la démonstration	argument
periculum, i	le danger	péril

3e déclinaison (masculins-féminins)

latro, latronis	le brigand	larron
caedes, caedis	le massacre	
tenuitas, tenuitatis	la faiblesse, l'insignifiance, la pauvreté	ténu
opes, opum *(pl.)*	les richesses	opulent

4e déclinaison (masculins)

casus, us	le malheur	

ADJECTIFS

1re classe

tutus, a, um	sûr, en sécurité	tuteur
obnoxius, a, um	exposé à	

2e classe

vilis, is, e	vil, sans valeur	avilir
tumens, –, – (tumentis)	gonflé	tumeur

PRONOMS

nihil *(nom./acc.)*	rien

ADVERBES

subito	soudain

CONJONCTIONS

igitur	donc
nam	en effet
nec	et ... ne pas

Latine Loquimur — Nous parlons latin

Non scholae sed vitae discimus

VERBES

1re conjugaison

gravare, o	charger	
advolare, o	voler, surgir	
sauciare, o	blesser	
spoliare, o	dépouiller	spoliation

2e conjugaison

flere, eo, flevi, fletum	pleurer, déplorer	
gaudere, eo (+ quod)	se réjouir (que)	(latin : gaudium, i)

3e conjugaison

neglegere, o, neglexi, neglectum	négliger	
contemnere, o, contempsi, contemptum	mépriser, laisser de côté	
amittere, o, amisi, amissum	perdre	
laedere, o, laesi, laesum	blesser	lésion

4e conjugaison bis

diripere, io, diripui, direptum	piller, arracher

Les deux mulets 8

Acquisitions grammaticales

Noms

- la 4e déclinaison (masculins).

Adjectifs – pronoms

- les démonstratifs : is / hic / ille / iste.

Verbes

- le subjonctif imparfait (V.A./V.P.).

Syntaxe des propositions

- le cum historique (= P^2 « cum historique »).

Centre d'intérêt : Le fabuliste Phèdre.

Cum muli gravati sarcinis irent duo
Unusque ferret fiscos cum pecunia,
Alter tumentes multo saccos hordeo,
Subito latrones ex insidiis advolaverunt
Interque caedem ferro mulum sauciaverunt,
Diripuerunt nummos, neglexerunt vile hordeum.
Spoliatus igitur casus cum fleret suos,
"Ego, inquit alter, quod me contempserunt gaudeo ;
Nam nihil amisi nec sum laesus vulnere."
Hoc argumento tuta est hominum tenuitas ;
Magnae periculo sunt opes obnoxiae.

D'après Phèdre, II, 6.

Synthèse

I. SYNTAXE DES PROPOSITIONS

Le « cum historique »

Caractéristiques :

- dans une narration (contexte passé)
- introduit **une proposition subordonnée**
- suivi d'un verbe au **SUBJONCTIF**

Sens = alors que, comme

Temps du subjonctif : le subjonctif **IMPARFAIT** exprime une **SIMULTANÉITÉ** par rapport au verbe principal.

Exemple :

Cum mulus pecuniam **ferret**,	latrones **advolaverunt**.
↑ *Subj. imparfait*	↑ *verbe principal*
↑ SIMULTANÉITÉ	↑
Comme un mulet **portait** de l'argent,	des brigands **surgirent**.
= P^2	= P^1

II. VERBES

Le subjonctif imparfait

	V. active		*V. passive*	
1re conjugaison	ama **re**	+ m, s, t, mus, tis, nt	ama **re**	+ r, ris, tur, mur, mini, ntur
2e conjugaison	mone **re**		mone **re**	
3e conjugaison	leg e **re**		leg e **re**	
4e conjugaison	audi **re**		audi **re**	
4e conjugaison bis	cape **re**		cape **re**	

Voici **deux recettes** pratiques

- pour reconnaître un SUBJONCTIF IMPARFAIT

SUBJONCTIF IMPARFAIT V.A./V.P.
=
INFINITIF PRÉSENT V.A. + désinences de l'indicatif imparfait V.A./V.P.

Exemples : V.A. amare -m, amare -s, ...
V.P. amare -r, amare -ris, ...

... même pour les verbes irréguliers

Exemple : esse -m, posse -m

- pour traduire un SUBJONCTIF IMPARFAIT dans la P^2 « cum historique »

Subjonctif imparfait (latin) = Indicatif imparfait (français)

Exemples : cum amaret → comme il aimait
cum amaretur → comme il était aimé

III. ADJECTIFS-PRONOMS DÉMONSTRATIFS

1. Les différents démonstratifs

haec domus
(cette maison-ci)

illa domus
(cette maison-là)

↓

ea domus (cette maison : sens général)

	Emploi	Traduction
HIC, HAEC, HOC	indique ce qui est **rapproché**	*adj.* = ce...-ci *pron.* = celui-ci
ILLE, ILLA, ILLUD	indique ce qui est **éloigné**	*adj.* = ce...-là *pron.* = celui-là
IS, EA, ID	**anaphorique** = rôle de **rappel** (rappelle une personne/chose dont on vient de parler)	*adj.* = ce... *pron.* = celui-ci

N.B. : ISTE, ISTA, ISTUD employé dans un dialogue correspond au possessif de la 2e personne ; il se décline comme ILLE, ILLA, ILLUD.

2. Déclinaison

	Singulier			Pluriel		
	Masculin	*Féminin*	*Neutre*	*Masculin*	*Féminin*	*Neutre*
Nominatif	is	ea	id	ei (ii)	eae	ea
Accusatif	eum	eam	id	eos	eas	ea
Génitif	eius	eius	eius	eorum	earum	eorum
Datif	ei	ei	ei	eis (iis)	eis (iis)	eis (iis)
Ablatif	eo	ea	eo	eis (iis)	eis (iis)	eis (iis)
Nominatif	hic	haec	hoc	hi	hae	haec
Accusatif	hunc	hanc	hoc	hos	has	haec
Génitif	huius	huius	huius	horum	harum	horum
Datif	huic	huic	huic	his	his	his
Ablatif	hoc	hac	hoc	his	his	his
Nominatif	ille	illa	illud	illi	illae	illa
Accusatif	illum	illam	illud	illos	illas	illa
Génitif	illius	illius	illius	illorum	illarum	illorum
Datif	illi	illi	illi	illis	illis	illis
Ablatif	illo	illa	illo	illis	illis	illis

NOTEZ :

- **Gén. sg.** en IUS
- **Dat. sg.** en I (⚠ huic)
- **Abl. sg.** en O, A, O (⚠ hoc, hac, hoc)

Pensez au **pronom relatif** !

NOTEZ

la ressemblance avec
les **ADJECTIFS DE LA 1re CLASSE** !
(⚠ haec)

IV. NOMS

La 4e déclinaison

fructus, us (M.) = le fruit

	Singulier	*Pluriel*
Nominatif	fruct **us**	fruct **us**
Vocatif	fruct **us**	fruct **us**
Accusatif	fruct **um**	fruct **us**
Génitif	fruct **us**	fruct **uum**
Datif	fruct **ui**	fruct **ibus**
Ablatif	fruct **u**	fruct **ibus**

La plupart des noms de la 4e déclinaison sont du genre **masculin**.

Exceptions : domus, us = la maison
manus, us = la main } sont du genre **féminin**.

Utilisez vos apprentissages...

1. UN PEU DE DÉCLINAISON ✦ 6 14

Mettez au cas indiqué.

1. domus (*nom. pl.*)
2. manus (*gén. pl.*)
3. insidiae (*abl.*)
4. periculum (*acc. pl.*)
5. mare (*abl. sg.*)
6. casus (*abl. sg.*)
7. soror (*gén. pl.*)
8. fructus (*dat. pl.*)
9. metus (*dat. sg.*)
10. pater (*acc. sg.*)

2. FAMILIARISEZ-VOUS AVEC LES DÉMONSTRATIFS ! ✦ 11 6

Voici des groupes déclinés.
a) **Traduisez-les.**
b) **Remplacez** le démonstratif « ille » par la forme correspondante de « hic », et inversément.
c) **Précisez** oralement le changement de sens ainsi apporté.

1. illos montes
2. illius noctis
3. illi nationi
4. illud periculum
5. illo casu
6. hi fructus
7. his opibus
8. haec ferra
9. hoc flumen
10. huius manus

3. RETOUR À LA CONJUGAISON ✦ 6 14

Formez le subjonctif imparfait à la 1re p. sg. (V.A. et V.P.) des verbes suivants.

1. neglego
2. contemno
3. amitto
4. aperio
5. abicio
6. impero
7. recipio
8. sum (V.A.)
9. consisto
10. fleo

4. ACCOUTUMEZ-VOUS À LA LECTURE DU « CUM HISTORIQUE » ✦✦ 18

Traduisez.

1. Cum muli venirent,
Cum multos nummos ferret princeps,
Cum saccos gererent muli duo,
} latrones gladium strinxerunt.

2. Cum sponsi mortem puella fleret,
Cum gladium Horatius stringeret,
Cum virgo a fratre transfigeretur,
} populus motus est.

3. Cum flammae ingentes e Vesuvio relucerent,
Cum tremores terrae audirentur,
Cum metus maximus esset,
} omnes ad mare fugerunt.

5. AVEZ-VOUS LES IDÉES CLAIRES ? ✦✦ 1 18

a) **Isolez** la (les) proposition(s) subordonnée(s) par des [...].
b) **Traduisez** les phrases.

1. Cum Horatius fugeret, Curiatii, strictis gladiis, ad eum cucurrerunt.
2. Horatius, cum ad civitatem princeps reveniret, trigemina spolia prae se gerebat.
3. Mulus spoliatus, cum casus suos fleret, ab altero non audiebatur.
4. Cum res[1] viles mulus ferret, ab his latronibus contemptus est.
5. Ad Vercingetorigem, cum auctoritatem in Gallia maximam teneret, imperium delatum est.

6. BOULE DE NEIGE ! ✦✦ 15 18

Traduisez les phrases suivantes.

1. Cum Vercingetorix imperium teneret, multi Galliae populi tremebant[2].
2. Cum Vercingetorix imperium omnium consensu teneret, multi Galliae populi tremebant.
3. Cum Vercingetorix imperium omnium consensu teneret obsidesque civitatibus imperaret, multi Galliae populi tremebant.
4. Cum Vercingetorix imperium omnium consensu teneret obsidesque civitatibus imperaret severitateque maxima regnaret, multi Galliae populi tremebant.

7. UN PEU DE DÉRIVÉS ✦✦✦ 13 7

Voici des mots français dérivés du vocabulaire latin de l'étape 8.
a) Quel mot latin est à l'origine de chacun des mots suivants ?
b) Replacez chacun d'eux dans la phrase qui convient.
c) Expliquez le sens de ces phrases.

LÈSE-MAJESTÉ – INSIDIEUSEMENT – TUTÉLAIRE – ALTER EGO – SPOLIATIONS.

1. Durant les invasions, les populations subissent de terribles ....
2. J'aimais tellement ce compagnon qu'il était devenu mon ....
3. Le simple fait de ne pas s'incliner devant le roi pouvait être considéré comme un crime de ..... .
4. Il m'a .... persuadé d'acheter cet engin dont je n'ai nul besoin.
5. Athéna était la déesse .... de la ville qui porte son nom.

8. N'OUBLIEZ PAS LES CONJUGAISONS ! ✦ 15 11

Traduisez.

1. solutis
2. feruntur
3. pugnaverunt
4. studuisti
5. aedificatum est
6. ducimini
7. scripsistis
8. traditus erat
9. confectae sunt
10. diripuit
11. neglecti
12. consedimus
13. condideras
14. contempto
15. amissi sumus
16. spoliati sunt
17. addita
18. vocabar
19. feci
20. laedor

1 res, rei = la chose.
2 tremere, o = trembler.

9. DEUX PHRASES EN UNE

✦✦✦ 6 18

a) **Subordonnez** la première phrase à la deuxième par un « cum » historique.
b) **Traduisez** le résultat obtenu.

1. Latrones nummos cupiebant. Miseri muli saccos diripuerunt.
2. A latronibus vile hordeum contemnebatur. Mulus qui hoc ferebat non laesus est.
3. Mulus spoliatus casus suos flebat. Alterum animal, cuius latrones saccos neglexerant, gaudebat.
4. Imperio Romano Galli terrebantur. Multae civitates contra Caesarem se non defenderunt.
5. Galli deorum immortalium iram timebant. Druidibus a quibus eorum voluntas[3] tradebatur parebant.

2 18 7

Néron, ennemi n° 1 des chrétiens !

Cum Nero imperaret, Petrus Romam advenit et, editis quibusdam miraculis, convertit multos ad iustitiam Deoque templum fidele ac stabile conlocavit. Et ea re ad Neronem delata, cum non modo Romae, sed ubique cotidie magna multitudo deficeret a cultu idolorum et ad religionem novam transiret, primus omnium persecutus est[4] Dei servos : Petrum cruci adfixit, Paulum interfecit.

D'après Lactance, De mort. pers. 2

Vocabulaire

adfigere, o, adfixi, adfixum	attacher
advenire, io	arriver
conlocare, o	installer
convertere, o, converti, conversum	convertir
cotidie	quotidiennement
crux, crucis	la croix
cultus, us	le culte
deferre, defero, detuli, delatum	rapporter
deficere, io, defeci, defectum (ab + abl.)	se séparer, se détacher
edere, o, edidi, editum	faire connaître, faire publiquement
idolum, i	l'idole
interficere, io, interfeci, interfectum	tuer
iustitia, ae	la justice
miraculum, i	le prodige, le miracle
multitudo, multitudinis	la foule
Nero, Neronis	Néron (empereur romain)
non modo ... sed	non seulement ... mais
novus, a, um	nouveau
Paulus, i	Paul
Petrus, i	Pierre
quidam, quaedam, quoddam	quelque, un certain
religio, religionis	la religion
stabilis, is, e	stable
templum, i	le temple
transire, eo	passer
ubique	partout

2 15

Avec les lettres suivantes, formez le plus de mots latins possible – et les plus longs possible ! (les lettres ne doivent pas nécessairement être toutes utilisées pour chaque mot).

Totalisez les mots corrects obtenus et comparez vos résultats avec ceux de la classe. Le gagnant recevra une version latine en prime !

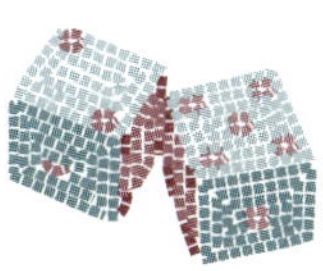

1. C N T S O P U M E S I M
2. N G R E L G S E E E
3. E I E I D R P I R S T
4. B T E T I S T U N A I U

3 voluntas, voluntatis = la volonté.
4 persecutus est = il persécuta

Pour en savoir plus sur... le fabuliste Phèdre

1. LA FILIÈRE DE L'INSPIRATION

Grèce		Italie (Rome)		France (Versailles)
Ésope	→	Phèdre	→	Jean de La Fontaine
VIIe–VIe s. A.C.N.		Ier s. P.C.N.		XVIIe s. P.C.N.

2. LES DEUX MULETS VUS PAR LA FONTAINE (I, 4)

Lisez attentivement cette **fable de La Fontaine** : vous y reconnaîtrez aussitôt **l'inspiration puisée chez l'auteur latin**. Mais vous observerez également que le texte du fabuliste français est loin d'être une traduction servile !

Deux mulets cheminaient, l'un d'avoine chargé,
L'autre portant l'argent de la gabelle.
Celui-ci, glorieux d'une charge si belle,
N'eût voulu pour beaucoup en être soulagé ;
Il marchait d'un pas relevé,
Et faisait sonner sa sonnette :
Quand l'ennemi se présentant,
Comme il en voulait à l'argent,
Sur le mulet du fisc une troupe se jette,
Le saisit au frein et l'arrête.
Le mulet, en se défendant,
Se sent percé de coups ; il gémit, il soupire.
« Est-ce donc là, dit-il, ce qu'on m'avait promis ?
Ce mulet qui me suit du danger se retire ;
Et moi j'y tombe, et je péris ! »
« – Ami, lui dit son camarade,
Il n'est pas toujours bon d'avoir un haut emploi :
Si tu n'avais servi qu'un meunier, comme moi,
Tu ne serais pas si malade. »

3. LE RENARD ET LES RAISINS

En prenant de la liberté à l'égard de son modèle latin, **La Fontaine** ajoute souvent des **détails et des expressions pittoresques.**

PHÈDRE (IV, 3)

Un renard, poussé par la faim,
cherchait à atteindre du raisin
sur une haute vigne
en sautant de toutes ses forces.
Ne pouvant l'atteindre,
il dit en s'éloignant :
« Il n'est pas encore mûr :
Je ne veux pas le prendre amer ».
Ceux qui rabaissent en paroles
ce qu'ils ne peuvent faire
devront s'appliquer cet exemple.

LA FONTAINE (III, 11)

Certain renard gascon, d'autres disent normand,
Mourant presque de faim, vit au haut d'une treille
Des raisins mûrs apparemment,
Et couverts d'une peau vermeille.
Le galant en eût fait volontiers un repas ;
Mais comme il n'y pouvait atteindre :
« Ils sont trop verts, dit-il, et bons pour des goujats. »
Fit-il pas mieux que de se plaindre ?

13 15

Textes 2 et 3 : Montrez que les fables de La Fontaine ne sont pas des traductions serviles des textes de Phèdre.

Pigeons qui se désaltèrent. Mosaïque, Ravenne (Italie).

et... pour les plus futés !

Voici cinq morales de fables de La Fontaine, toutes empruntées à Phèdre.

Pouvez-vous retrouver le titre de chacune d'elles ? Pour vous aider, un animal illustre chaque fois le sujet. Faites correspondre lettres et numéros !

1. La raison du plus fort
   Est toujours la meilleure.

2. Mon bon Monsieur,
   Apprenez que tout flatteur
   Vit aux dépens de celui qui l'écoute :
   Cette leçon vaut bien un fromage, sans doute.

3. Ainsi certaines gens, faisant les empressés,
   S'introduisent dans les affaires :
   Ils font partout les nécessaires,
   Et, partout importuns, devraient être chassés.

4. Le monde est plein de gens qui ne sont pas plus sages :
   Tout bourgeois veut bâtir comme les grands seigneurs,
   Tout petit prince a des ambassadeurs,
   Tout marquis veut avoir des pages.

5. Trompeurs, c'est pour vous que j'écris :
   Attendez-vous à la pareille.

A

B

C

D

E

Un espoir pour tous !

Ésope, le fabuliste grec, était d'origine servile. Néanmoins, comme il avait acquis par ses fables une brillante réputation, les Athéniens lui avaient érigé une statue. Sur le socle de celle-ci était représenté un esclave, pour que tous sachent que la gloire ne dépend pas de la naissance, mais bien de la valeur personnelle !

VOULEZ-VOUS JOUER ? ➪ page 179

e d'enfant,
n des Vettii, Pompéi (Italie).

Vocabulaire

NOMS

1re déclinaison (féminins)

historia, ae	l'histoire	
Olympia, ae	Olympie	
Diagoras, ae	Diagoras (nom d'homme grec)	
pancratiasta, ae (M.)	le lutteur de pancrace	
corona, ae	la couronne	

2e déclinaison (neutres)

stadium, i	le stade	
osculum, i	le baiser	(latin : os, oris)

3e déclinaison (masculins-féminins)

pugilis, pugilis	le pugiliste	
luctator, luctatoris	le lutteur	
flos, floris	la fleur	floral

3e déclinaison (neutres)

caput, capitis	la tête	décapiter

5e déclinaison (féminins)

res, rei	la chose	
dies, diei (M.)	le jour	

ADJECTIFS

1re classe

Rhodius, a, um	de Rhodes
gratulabundus, a, um	qui félicite, enthousiaste

ADJECTIFS-PRONOMS

idem, eadem, idem	le même	identique

ADVERBES

undique	de toutes parts
ibi	là

Latine Loquimur — Nous parlons latin

Vox populi vox dei

VERBES

1re conj.

celebrare, o	répandre, rendre célèbre	
coronare, o	couronner	
animam efflare, o	rendre l'âme	

4e conj. bis

iacere, io, ieci, iactum	jeter, lancer	projectile

Diagoras de Rhodes, un père trop heureux

9

Acquisitions grammaticales

Noms

- la 5e déclinaison (féminins).

Centre d'intérêt : Les Jeux olympiques.

C'est en Grèce que naquit la tradition des **Jeux olympiques** *qui subsistent encore de nos jours : de toutes les cités de la* **Grèce**, *les meilleurs athlètes venaient se mesurer à* **Olympie** *pour rendre hommage à* **Zeus**.

De Rhodio Diagora celebrata historia est.
Is Diagoras tres filios adolescentes habuit, unum pugilem, alterum pancratiastam, tertium luctatorem, eosque omnes vidit vincere coronarique eodem Olympiae die.
Coronis in caput patris positis, cum populus gratulabundus flores undique in eum iaceret, ibi in stadio, in osculis atque in manibus filiorum animam efflavit.

D'après Aulu-Gelle, Noct. Att. III, 15.

Synthèse

NOMS

LA 5e DÉCLINAISON

	res, rei (F.) = la chose	
	Singulier	*Pluriel*
Nominatif	r es	r es
Vocatif	r es	r es
Accusatif	r em	r es
Génitif	r ei	r erum
Datif	r ei	r ebus
Ablatif	r e	r ebus

La plupart des noms de la 5e déclinaison sont du genre **féminin**.

Exception : dies, diei (= le jour) est généralement du genre **masculin**.

Jeu de hockey - Athènes (Grèce).

Utilisez vos apprentissages...

1. UN PEU DE DRILL ! ✦ 11 14

1. flori	3. stadii	5. fructus	7. diei	9. historiis
2. rerum	4. capita	6. iuvenum	8. metu	10. animali

a) **Situez** chacun des noms ci-dessus dans sa grille :

	SG.	*PL.*
Nominatif		
Vocatif		
Accusatif		
Génitif		
Datif		
Ablatif		

b) **Déclinez**-les ensuite entièrement.

2. L'ACCORD PARFAIT ✦✦ 11 14

Accordez correctement chacun des démonstratifs avec les différents noms proposés. Attention aux cas !

	hic	*ille*
1. pericula		
2. crinibus		
3. caput		
4. stadium		
5. coronarum		
6. floris		
7. rem		
8. amori		
9. casu		
10. dies (3 solutions !)		

Étape 9

3. PLEINS FEUX SUR LA 5e DÉCLINAISON ! ✦✦ 1 7 10

Voici une série de noms de la 5e déclinaison ; utilisez-les pour **compléter les phrases suivantes**, en leur donnant le cas qui convient.

1. acies, ei : la ligne de combat
2. spes, ei : l'espoir
3. facies, ei : l'aspect, le visage
4. fides, ei : la fidélité
5. dies, ei : le jour

a) Caesare viso, ... ad milites revenit.
b) Virginis ...., non animum, adulescens in primis[1] videt.
c) In prima .... miles fortis pugnat.
d) Eodem .... fratres duos Horatia[2] amisit.
e) Caesaris militum .... omnibus nota erat.

4. VARIATIONS ✦✦ 15 18

Traduisez les phrases suivantes, en étant bien attentifs aux structures utilisées.

A. 1. Tres fratres in Olympiae stadio coronati sunt.
2. Tribus fratribus coronatis, populus in stadio gaudebat.
3. Cum filii in stadio simul coronarentur, Diagoras gaudebat.
4. In tres fratres qui in stadio coronabantur flores populus iaciebat.
5. De patre cuius tres filii eodem die Olympiae coronati sunt historiam legistis.

B. 1. Tres filii coronas in caput patris posuerunt.
2. A tribus filiis coronae in caput patris positae sunt.
3. Tres filii, in quos flores populus iaciebat, coronas in caput patris posuerunt.
4. Coronis patri datis, turbae laetitia maxima fuit.
5. Cum patri tres coronas darent filii, turbae laetitia maxima erat.

5. ENCORE DES ABLATIFS ABSOLUS ! ✦✦ 11 18 13

a) **Repérez** les ablatifs absolus.
b) **Traduisez** les phrases en exprimant chaque A.A. par un **groupe nominal**.

Modèle : Romulus, [senatoribus electis], finitimos invitavit.
= [Après l'élection des sénateurs], Romulus invita ses voisins.

1. Romulus, urbe condita, finitimos invitavit.
2. Romulo rege nominato, centum senatores electi sunt.
3. Tribus filiis visis, Diagoras animum efflaverat.
4. Curiatiis victis, Horatia sponsi mortem flevit.
5. Sabinorum virginibus a Romanis raptis, bellum commotum erat.

6. RETOUR À LA CONJUGAISON ✦ 11 4

a) **Placez** les formes verbales suivantes dans un carré des thèmes.
b) **Traduisez-les.**

1. iecisti
2. fuimus
3. coronabantur
4. flevi
5. laesis
6. contempti sumus
7. neglegeris
8. direpta
9. amissae sunt
10. vertitur

---

1 in primis = d'abord.
2 Horatia, ae = nom de femme.

7. SACHEZ TRADUIRE LE MOT « RES » ! ♦♦♦ 18 13

Le mot « res » est très fréquent en latin. Le traduire par « la chose » est souvent lourd en français. Exercez-vous à trouver des traductions plus appropriées en fonction du contexte.

1. Amicus certus in re incerta cernitur.
2. Caesar, necessariis rebus imperatis, in alteram partem cucurrit.
3. His rebus cognitis, Caesar nuntium misit.
4. Multum non solum in omnibus rebus, sed etiam in re militari potest Fortuna.
5. Post victoriam animalia capta immolant reliquasque res in unum locum conferunt.

Vocabulaire complémentaire :

conferre, o .... rassembler
cernere, o .... distinguer
Fortuna, ae .... le sort, le hasard, la chance
militaris, is, e .... militaire
necessarius, a, um .... nécessaire
non solum ... sed etiam .... non seulement ... mais encore

2 18 17

« Pas de répit pour Cincinnatus ! »

Cum Romanus obsideretur exercitus, L. Quinctius Cincinnatus dictator est factus. Is agrum iugerum quattuor possidebat quem manibus suis colebat. Legati a senatoribus missi eum in opere invenerunt ; sudore deterso, togam praetextam accepit et, caesis hostibus, liberavit exercitum.

D'après Eutrope, XVI, 1.

Vocabulaire

caedere, o, cecidi, caesum .... tuer, massacrer
detergere, eo, detersi, detersum . essuyer
dictator, is .... le dictateur
exercitus, us .... l'armée
invenire, io, inveni, inventum .. trouver
iugera, iugerum (*Pl.*) .... les arpents (mesure agraire)
legatus, i .... le délégué
opus, operis ..... l'œuvre, le travail
possidere, eo ..... posséder
sudor, sudoris .... la sueur
toga praetexta, ae . la toge prétexte (= toge blanche bordée de pourpre, portée par les principaux magistrats)

20 7

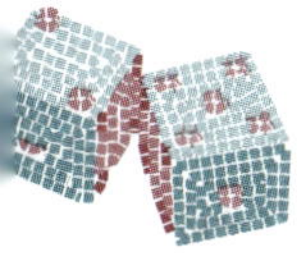

Connaissez-vous la devise des Jeux olympiques ? Nous vous l'avions inscrite pour terminer cette leçon, mais les lettres se sont mélangées à l'imprimerie ! Pouvez-vous les remettre dans l'ordre ?

Que signifie cette devise ?

Étape 9

Pour en savoir plus sur... les Jeux olympiques

Qui ignore encore ce que sont les Jeux olympiques ?

Depuis que ceux-ci sont retransmis dans le monde entier grâce à la télévision, des milliers de spectateurs peuvent suivre avec intérêt les meilleurs athlètes du monde se mesurant dans d'innombrables disciplines. Mais qui connaît la véritable histoire de ces jeux ?

1. LES JEUX OLYMPIQUES DE L'ANTIQUITÉ

...les origines

La création des J.O. remonte, en effet, à 776 A.C.N. La Grèce avait de tout temps pratiqué la formule : « Mens sana in corpore sano ». C'est ainsi qu'il y a 28 siècles, des jeux réunissaient à Olympie toute la jeunesse hellénique, de sexe masculin uniquement.

...une localité à l'illustre passé

C'est dans la localité d'Olympie, aujourd'hui Mirako, qu'étaient célébrées, tous les 4 ans, d'importantes compétitions sportives en l'honneur du dieu **Zeus**.

Ouverts uniquement aux citoyens grecs, ces jeux se déroulaient en été et se poursuivaient durant **5 jours**.

Entrée des concurrents au stade d'Olympie (Grèce).

...la trêve

À l'approche de ces fêtes, des messagers parcouraient la Grèce, proclamant la **trêve sacrée**. Les hostilités une fois arrêtées, chacun pouvait, sans problème, soit participer, soit venir assister tranquillement aux épreuves.

Voici ce que le philosophe grec Épictète (50-125 P.C.N.) nous apprend sur l'entraînement des futurs champions.

Tu veux devenir champion aux Jeux olympiques ? Moi aussi je voudrais bien, par Zeus ! C'est là une bien belle chose ! Mais réfléchis d'abord à ce qu'il faut faire pour y parvenir. Alors seulement tu t'y mettras. Il faut se plier à une discipline, suivre un régime, ne pas manger de pâtisseries, suivre, à heure fixe, un entraînement forcé, qu'il fasse chaud ou froid ; ne pas boire frais et s'abstenir de vin... Bref, il faut se livrer à son entraîneur comme à un médecin. Ensuite, pendant les épreuves, il faut se couvrir le corps de poussière ; on risque de se fouler le poignet ou de se donner une entorse, d'avaler beaucoup de poussière, ou encore d'être fouetté. Et, après tout cela, il se peut que tu sois vaincu.

Réfléchis donc. Si cela ne te fait pas peur, alors oui, tu peux devenir athlète.

Épictète, *Manuel* (XXIX, 2-3).

Copie gréco-romaine du discobole de Myron *(British Museum, Londres, Grande-Bretagne).*

...le programme de 5 jours de fête

1er jour : sacrifice en l'honneur de Zeus, suivi d'une magnifique procession à laquelle prennent part, en costume d'apparat, les dignitaires délégués des autres cités.

2e jour : les épreuves se déroulent au stade, devant environ 40 000 spectateurs, qui assistent à des courses à pied, à des épreuves de lutte, de pugilat et de pancrace ou de lutte libre (interdiction, toutefois, de mordre l'adversaire ou de lui crever les yeux !).

3e jour : les épreuves de ce jour, qui se déroulent à l'hippodrome, consistent en courses de chevaux ou de quadriges. Les auriges, debout sur leur char, doivent contourner de 8 à 12 fois une piste au bout de laquelle se trouve la borne, si souvent fatale !

4e jour : on retourne au stade pour assister, cette fois, aux épreuves les plus caractéristiques de l'athlétisme grec. Il s'agit du pentathle qui, comme son nom l'indique, comporte 5 moments : la course, le saut, la lutte, le lancement du javelot et du disque.

5e jour : distribution des récompenses devant le temple de Zeus.

...les récompenses

Un héraut proclame le nom du vainqueur en y ajoutant ceux de son père et de sa cité. Le vainqueur reçoit alors la palme ou une couronne d'olivier, premières « médailles » de l'histoire des J.O. Parfois même, un poète le chante ou un sculpteur l'immortalise dans le marbre ou le bronze.

...la décadence des Jeux

Peu à peu, le **christianisme** s'imposa dans tout le bassin méditerranéen. La survivance de festivités païennes irrita les autorités religieuses. C'est ainsi que l'empereur Théodose décida de supprimer, en 393 P.C.N., les J.O. célébrés pour la dernière fois en l'an 392. L'entrée du stade olympique allait demeurer déserte durant quinze cents ans.

Bas-relief représentant plusieurs sports : un coureur sur le point de partir, deux lutteurs et un lanceur de javelot *(Musée national d'Athènes, Grèce)*.

2. LES JEUX OLYMPIQUES MODERNES

...la renaissance des Jeux olympiques

À la fin du siècle dernier, un Français, le **Baron Pierre de Coubertin**, épris de sports, tenta de réaliser un vieux rêve : rallumer à Athènes la flamme des J.O. Après de multiples démarches, il décida les représentants de 14 nations à voter la renaissance des J.O. Réservés exclusivement aux amateurs, ils eurent lieu pour la première fois sous une forme moderne à **Athènes, en avril 1896**.

...quelques nouveautés

Les J.O. deviennent une manifestation sportive internationale, ayant lieu dans une ville chaque fois différente et réservée aux athlètes des deux sexes, dits amateurs. Les sports figurant au programme des J.O. sont très nombreux : athlétisme, aviron, basket-ball, boxe, canotage, cyclisme, escrime, football etc...

Depuis 1924, sont également organisés des J.O. d'hiver.

...le serment

Le serment olympique, prononcé par un athlète au nom de tous, dit : « Au nom de tous les concurrents, je promets que nous nous présentons aux Jeux olympiques en concurrents loyaux, respectueux des règlements qui les régissent et désireux d'y participer dans un esprit chevaleresque pour la gloire du sport et l'honneur de nos équipes. »

...les menaces sur l'Olympisme !

De plus en plus nombreuses sont les menaces qui planent sur l'Olympisme : l'excès de commercialisation (frais d'organisation, « sponsors »...), politisation des jeux (utilisation des jeux à des fins politiques sous forme de chantage, par exemple), utilisation, par les athlètes, de produits dopants...

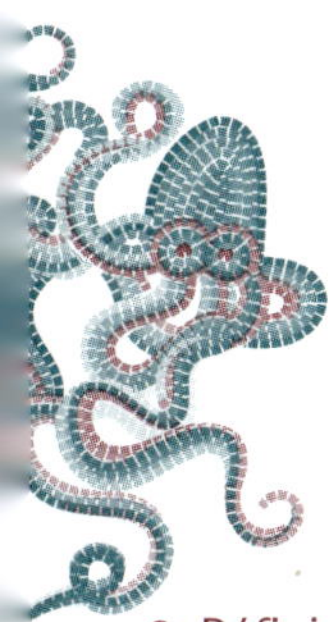

17 5 13

1. Relevez des ressemblances et des différences entre les J.O. modernes et ceux de l'Antiquité.
2. Que nous apprend le philosophe grec Épictète sur l'entraînement des athlètes dans la Grèce antique ?
3. Définissez les mots : **pentathle, pugilat, pancrace, aurige.**
4. Pourquoi les J.O. furent-ils supprimés au IVe siècle P.C.N. ? Qui eut l'idée de les restaurer ?
5. Quelles menaces planent sur les J.O. modernes ?

ET... POUR LES PLUS FUTÉS !

6. Après leur renaissance, les J.O. modernes connurent encore des interruptions. Quand et pourquoi ?
7. Quelles sont les récompenses accordées aux athlètes modernes ?
8. Que représentent les 5 anneaux entrelacés du drapeau olympique ? Quelles sont leurs couleurs ?

Phidias, un sculpteur qui voit grand !

Le sculpteur grec Phidias avait élevé pour Zeus, à Olympie, une immense statue chryséléphantine (d'or et d'ivoire) que devait abriter le temple du dieu. L'artiste avait représenté le dieu dans toute sa gloire, assis sur un trône ouvragé. L'ensemble était gigantesque, haut de 12 à 13 m, si bien qu'on avait l'impression que Zeus, en se levant, allait heurter la toiture de la tête.

Fort de cette première expérience, Phidias évita cette erreur à Athènes. Sculpteur, il exigea d'être aussi l'architecte principal et prit soin de proportionner le Parthénon à la grande statue d'Athéna qu'il devait abriter.

VOULEZ-VOUS JOUER ? ➪ page 180

Psykter (récipient destiné à rafraîchir la boisson) représentant des lutteurs (détail). *(Coll. Archéologique de l'Université de Zurich, Suisse.)*

Vocabulaire

NOMS

2e déclinaison (masculins)

Alexander, i	Alexandre
cuneus, i	le coin (formation de bataille en forme de triangle) cunéiforme
Bucephalos, i	Bucéphale (ville d'Inde)

2e déclinaison (neutres)

telum, i	le trait, l'arme

3e déclinaison (masculins-féminins)

cervix, cervicis	le cou cervical

3e déclinaison (neutres)

latus, lateris	le flanc, le côté latéral

4e déclinaison (masculins)

cursus, us	la course curseur

ADJECTIFS

1re classe

Indicus, a, um	indien
moribundus, a, um	moribond
medius, a, um	qui est au milieu médiane

Expression :

e mediis hostibus	du milieu des rangs ennemis

2e classe

exsanguis, is, e	exsangue, vidé de son sang
vivax, –, – (vivacis)	vif, rapide

ADVERBES

alte	profondément
tamen	cependant
prope	presque
illico	aussitôt, sur le champ illico
tum	alors

PRÉPOSITIONS

extra (+ *acc.*)	en dehors de extraterrestre

CONJONCTIONS

ac	et

Latine Loquimur — Nous parlons latin

Vulnerant* omnes, ultima* necat*

* vulnerare, o = blesser
* ultimus, a, um = dernier
* necare, o = tuer

VERBES

1re conjugaison

animam exspirare, o	rendre l'âme	

2e conjugaison

insidere, eo, insedi, insessum	être assis (sur)	
insidens (= part. présent au Nom. M. Sg.)	étant assis (sur)	

3e conjugaison

immittere, o, immisi, immissum	lancer (sur)	(latin : mittere, o)
concidere, o, concidi, –	s'écrouler	

4e conjugaison bis

conicere, io, conieci, coniectum	jeter	
perfodere, io, perfodi, perfossum	transpercer	(latin : per)

Irréguliers

referre, refero, ret(t)uli, relatum	ramener, rapporter	relation
efferre, effero, extuli, elatum	faire sortir, emporter	

Un cheval bien dévoué 10

Acquisitions grammaticales

Verbes

- le subjonctif plus-que-parfait (V.A. / V.P.).

Syntaxe des propositions

- **les emplois de cum :**
  - **cum historique (+ subjonctif)** (= P^2 « cum historique »)
  - de simultanéité
  - d'antériorité
  - **cum temporel (+ indicatif)** (= P^2 temporelle)

Centre d'intérêt : Alexandre le Grand.

Alexandre le Grand, roi de **Macédoine (nord de la Grèce)**, après avoir imposé sa domination aux grandes cités grecques, projeta d'étendre son empire jusqu'aux **Indes**. Il arriva au fleuve **Indus**, mais ne put mener son entreprise à bien, car il fut emporté par la maladie. **Aulu-Gelle** nous rapporte ici une anecdote relative à **Bucéphale**, le cheval du grand roi.

Cum in equo insidens Alexander, bello Indico, in hostium cuneum eum immisisset, coniectis undique in Alexandrum telis, vulneribus alte in cervice atque in latere equus perfossus est ; moribundus tamen ac prope iam exsanguis e mediis hostibus regem vivacissimo cursu retulit ; atque cum eum extra tela extulit, illico concidit et animam exspiravit.

Tum rex Alexander oppidum in eisdem locis condidit idque Bucephalon appellavit.

D'après Aulu-Gelle, Noct. Att. V, 2 (passim).

Étape 10

Synthèse

I. SYNTAXE DES PROPOSITIONS : LES EMPLOIS DE LA CONJONCTION « CUM »

1. Le « cum historique » = comme, alors que

Caractéristiques (rappel) :
- introduit une **proposition subordonnée** exprimant fréquemment à la fois le **temps** et la **cause**
- + SUBJONCTIF

soit

IMPARFAIT	PLUS-QUE-PARFAIT
↓ SIMULTANÉITÉ	↓ ANTÉRIORITÉ

Exemple :

Cum hostes tela conicerent (Subj. imparfait), equus **vulneratus est**.

= SIMULTANÉITÉ

Comme les ennemis **lançaient** des traits (= P^2), le cheval **fut blessé** (= P^1).

Exemple :

Cum rex in hostes equum immisisset (Subj. plus-que-parfait), is **vulneratus est**.

= ANTÉRIORITÉ

Comme le roi **avait envoyé** son cheval contre les ennemis (= P^2), celui-ci **fut blessé** (= P^1).

⚠ Observez en français

Indicatif **imparfait**	Indicatif **plus-que-parfait**

2. Le cum temporel = quand, lorsque

Caractéristiques : – introduit une **proposition subordonnée** exprimant le **temps**.
– + INDICATIF

Exemple :

[Cum regem extra tela **extulit**], illico **concidit**.

Quand il eut ramené le roi à l'écart des traits,	il s'écroula aussitôt.
= P²	= P¹

Ne confondez pas avec la **préposition « cum » (+ ablatif)** exprimant
soit la **manière** : cum cura = **avec soin**
soit l'**accompagnement** : cum amico = **avec un ami**

II. LES VERBES

Les temps dans la P² « cum historique »

	V.A.	V.P.
	TH_1	TH_1
⚠ Rappel	= comme j'aimais	= comme j'étais aimé
	cum ama re m	cum ama re r
	ama re s	ama re ris
SUBJONCTIF imparfait	ama re t	ama re tur
	ama re mus	ama re mur
	ama re tis	ama re mini
	ama re nt	ama re ntur

	TH_2	TH_3
	= comme j'avais aimé	= comme j'avais été aimé
	cum amav isse m	cum amatus, a, um essem
	amav isse s	esses
SUBJONCTIF plus-que-parfait	amav isse t	esset
	amav isse mus	amati, ae, a essemus
	amav isse tis	essetis
	amav isse nt	essent
	↓	↓
	TH_2 + isse + m, s, t / mus, tis, nt	*Participe parfait* suivi de « esse » au subj. imparfait. (TH_3)

Étape 10

Utilisez vos apprentissages...

1. FAMILIARISEZ-VOUS AVEC LES SUBJONCTIFS ✦ 6 14

Complétez le tableau suivant (1re p. sg.)

	Subj. imp. V.A.	*Subj. imp. V.P.*	*Subj. plus-que-p. V.A.*	*Subj. plus-que-p. V.P.*
immitto				
abicio				
teneo				
appello				
requiro				

2. SUS AUX SUBJONCTIFS ! ✦ 11 4

Dans la série des verbes suivants, **repérez les subjonctifs imparfait et les subjonctifs plus-que-parfait.**

iremus – cognitae erant – ferre – dedissent – ductae essemus – gereris – recepissent –transfixus est – moti essent – gauderem – laesissemus – diripere.

3. IL Y A « CUM » ET « CUM » ! ✦ 15 11

Traduisez les groupes suivants :

1. cum moti essent, ...
2. cum retulisses, ...
3. cum manserunt, ...
4. cum transfixae essent, ...
5. cum caveretis, ...
6. cum elegistis, ...
7. cum capiuntur, ...
8. cum strinxissent, ...
9. cum solvuntur, ...
10. cum rapuissent, ...
11. cum invitabar, ...
12. cum immissi essent, ...
13. cum potuissem, ...
14. cum imperaretur, ...

4. LES VARIANTES DU « CUM HISTORIQUE » ✦ 15 18

Traduisez les phrases suivantes : soyez attentifs aux **temps** des verbes !

1. Cum Alexander equum in hostes immisisset,
   Cum ab Alexandro equus in hostes immitteretur,
   Cum Alexander equum in hostes immitteret,
   Cum ab Alexandro equus in hostes immissus esset,
   } Indi victi sunt.
2. Cum tela ab hostibus in eum conicerentur,
   Cum tela hostes in eum coniecissent,
   Cum tela hostes in eum conicerent,
   Cum tela ab hostibus in eum coniecta essent,
   } equus concidit.
3. Cum rex ab equo e mediis hostibus relatus esset,
   Cum rex ab equo e mediis hostibus referretur,
   Cum regem equus e mediis hostibus referret,
   Cum regem equus e mediis hostibus retulisset,
   } Graeci vicerunt.

5. « CUM HISTORIQUE » OU « CUM TEMPOREL » ? ✦✦ 11 18

Identifiez bien la conjonction puis **traduisez les phrases.**

1. Alexander, cum in India bellum gereret, equum fidelem amisit.
2. Cum in medio proelio Alexander equum amisisset, oppidum quod Bucephalon appellavit condidit.
3. Cum Diagoras tres filios Olympiae vincere vidit, eorum victoriae gaudium non tulit[1] et animam exspiravit.
4. Alexander, cum Persae victi essent, cum copiis ad fines ignotos[2] abiit.
5. Horatius, cum sororis complorationem audiit, animo moto, gladium strinxit et illam transfixit.

6. JONGLEZ AVEC DEUX STRUCTURES IMPORTANTES ✦ 18 6

a) **Traduisez** les phrases suivantes.
b) **Remplacez** les ablatifs absolus par une P[2] « cum historique ».

1. Omnibus copiis coactis[3], Horatii cum Curiatiis pugnaverunt.
2. Fratribus suis interfectis, Horatius fugit.
3. Horatius, gladio stricto, Curiatios exspectavit.
4. Vulneribus multis acceptis, Curiatiis proelium grave fuit.
5. Uno e Curiatiis transfixo, iuvenis ferox ad secundum[4] gladium vertit.
6. Tribus fratribus victis, populi Romani laetitia maxima erat ; sola illo die Horatia flevit.

7. UN PEU DE DÉCLINAISON ! ✦ 15 11

a) Retrouvez pour chaque mot la forme qu'il a au nom. sg.
b) **Précisez** les cas, genre et nombre des groupes suivants ;
c) **Traduisez.**

1. proelium illustre
2. coniuge tenera
3. manus parvae
4. virginis fortis
5. pericula ingentia
6. senectuti gravi
7. claro die
8. uxorum omnium
9. tertiae urbi
10. finitimi felicis

1 ferre, o = (ici) supporter.
2 ignotus, a, um = inconnu.
3 cogere, o, coegi, coactum = rassembler.
4 secundus, a, um = second.

2 18 7

Encore une victime de la joie !

Philippides comoediarum poeta haud ignobilis, aetate iam edita, cum in certamine poetarum praeter spem vicisset et laetissime gauderet, inter illud gaudium repente mortuus est.

Aulu-Gelle, Noct. Att. III, 15 (partim).

Vocabulaire

aetas, aetatis	l'âge	iam	déjà
certamen, certaminis	le concours	ignobilis, is, e	inconnu
comoedia, ae	la comédie	laetissime	très joyeusement
editus, a, um	avancé	Philippides, is	Philippidès (nom d'homme grec)
gaudium, i	la joie	poeta, ae	le poète, l'auteur
haud	pas	praeter spem	contre tout espoir

13 20

Des mots latins suivants sont issus de nombreux dérivés français. Combien en trouverez-vous pour chacun ? Vérifiez, s'il le faut, leur sens au dictionnaire !

1. MEDIUS, A, UM
2. CURSUS, US
3. EQUUS, I
4. REFERRE (pensez au supin !)
5. EXTRA

Portrait d'Alexandre le Grand, musée de l'Acropole, Athènes (Grèce).

Pour en savoir plus sur... Alexandre le Grand

1. UNE PETITE BIOGRAPHIE

Au IVe siècle A.C.N., la Grèce, loin d'être unie, est morcelée en cités rivales ; **Philippe II, roi de Macédoine**, leur impose son autorité et crée la « ligue de Corinthe », qui réunit les États grecs dans le but de s'opposer à l'empire perse.

Philippe est assassiné avant d'avoir pu accomplir ses grands projets ; le trône revient à son fils **Alexandre**, âgé de 20 ans. Le jeune prince, né en 356 A.C.N., a reçu, outre une solide formation militaire, une éducation intellectuelle poussée, puisque son précepteur n'est autre que le célèbre philosophe **Aristote**.

En 334 A.C.N., il débarque en Asie Mineure avec 31 000 fantassins et 5 000 cavaliers. La conquête sera fulgurante : l'Asie Mineure, la Syrie, la Phénicie, la Palestine et l'Égypte – où il créera la ville d'Alexandrie – seront à lui en quelques années. L'ennemi principal est **le roi de Perse Darius** : Alexandre franchit le Tigre et l'Euphrate et remporte sur son adversaire une victoire décisive.

Non content de l'immense empire conquis, Alexandre franchit l'Indus, écrase les troupes du roi indien Porus ; il voudrait poursuivre son offensive vers le Gange, mais son armée épuisée refuse de le suivre ; Alexandre revient avec ses troupes à **Babylone**, où il sera emporté par une brusque fièvre en 323.

2. LES NOCES D'ALEXANDRE ET DE ROXANE

Pour sceller son alliance avec la noblesse iranienne, Alexandre décide en 327 de contracter un mariage hautement symbolique avec Roxane, princesse d'une exceptionnelle beauté. De plus, il convainc plusieurs de ses compagnons d'épouser eux aussi des princesses bactriennes. Les fêtes sont somptueuses, mais célébrées selon les rites macédoniens, ce qui démontre bien qu'il ne s'agit pas d'une assimilation avec les vaincus. Pour plus de sûreté, d'ailleurs, les nobles ralliés sont contraints de fournir des otages de fidélité : ainsi Oxyartès, le père de Roxane, doit laisser deux de ses fils accompagner le conquérant en Inde.

P. Briant, *De la Grèce à l'Orient, Alexandre le Grand*, Gallimard, 1987, p. 91.

3. DES ADVERSAIRES DE TAILLE : LES ÉLÉPHANTS

Lors de leur campagne en Inde, les armées d'Alexandre ont eu à affronter des adversaires tout à fait inattendus : les éléphants. Au cours de la célèbre bataille d'Hydaspes, les énormes pachydermes semèrent le désordre dans les phalanges macédoniennes.

Toutefois, les éléphants ne constituaient pas l'arme idéale pour les Indiens qui les utilisaient dans leurs rangs : les cornacs étaient très vulnérables aux projectiles et une fois que les bêtes étaient livrées à elles-mêmes, elles prenaient peur, et, piétinant indistinctement tout ce qui se trouvait sur leur chemin, elles devenaient un danger pour chacun des deux camps !

4. LA PHALANGE MACÉDONIENNE

Les Macédoniens développèrent, dans le cadre de la phalange, une véritable force de choc, brutale, qui demandait l'usage de longues lances ou de javelots à deux poignées. La lance macédonienne (sarissa) mesurait entre 5,5 et 6,5 mètres de long. Lorsque les troupes chargeaient, les lances des quatre ou cinq premiers rangs dépassaient la ligne de front. Les autres rangs portaient leurs lances la pointe vers le haut afin de former rempart contre d'éventuels projectiles venant de l'ennemi. Lorsqu'elle était attaquée, la phalange macédonienne pouvait se placer en position de défense, tous les boucliers serrés les uns contre les autres, les files espacées de 50 centimètres l'une de l'autre.

P. Conolly, *L'armée grecque*, Chantecler, 1979, p. 58.

8 20

Texte 1

- Quelle est la date de naissance d'Alexandre ? La date de sa mort ?
- Qui était son père ?
- Où se situe son pays d'origine ?
- Montrez que son éducation ne fut pas uniquement axée sur l'art de la guerre.
- Retrouvez les noms des pays conquis correspondant aux numéros de la carte.

Texte 4

- Quel était le nom de l'unité de combat de l'armée macédonienne ? Trouvez deux autres sens de ce mot.

Le roi et le philosophe

Une anecdote très célèbre à propos d'Alexandre est celle de sa rencontre avec le philosophe grec Diogène.

Celui-ci, prêchant qu'il ne fallait pas s'attacher au superflu, marchait nu-pieds en toute saison et avait une jarre pour tout logis.

Alexandre, de passage à Corinthe, lui rendit visite et lui demanda s'il désirait quelque chose. Le philosophe répondit alors au roi : « Oui, ôte-toi de mon soleil ! »

VOULEZ-VOUS JOUER ? ➪ page 181

de cheval, Grèce, 3e siècle A.C.N. *(Walters Art Gallery, Baltimore, Maryland, Etats-Unis).*

Vocabulaire

NOMS

1re déclinaison (féminins)

cavea, ae	la cage
collega, ae (M.)	le collègue
ignominia, ae	l'ignominie, le déshonneur — ignominieux

2e déclinaison (masculins)

P. Claudius, i	P. Claudius (nom d'homme)
pullarius, i	le pullaire
pullus, i	le poulet
L. Iunius, i	L. Iunius (nom d'homme)

2e déclinaison (neutres)

auspicium, i	l'auspice, le présage

3e déclinaison (masculins-féminins)

mos, moris	la coutume — mœurs
maiores, um (Pl.)	les ancêtres
classis, classis	la flotte
tempestas, tempestatis	la tempête
damnatio, damnationis	la condamnation

ADJECTIFS

1re classe

Punicus, a, um	punique, carthaginois
voluntarius, a, um	volontaire

VERBES

1re conjugaison

nuntiare, o	annoncer	

2e conjugaison

iubere, eo, iussi, iussum	ordonner	

3e conjugaison

edere, o, edi, esum	manger	comestible
committere, o, commisi, commissum	engager	(latin : mittere, o)
petere, o, peti(v)i, petitum	demander	pétition
Expression : **auspicia petere**	prendre les auspices	
dicere, o, dixi, dictum	dire	diction
dicens (= part. prés. au Nom. M. Sg.)	disant	
bibere, o, bibi, –	boire	biberon
bibant ! (= subj. prés.)	qu'ils boivent !	

4e conjugaison

praevenire, io, praeveni, praeventum	prévenir, devancer	prévention

Irréguliers

velle, volo, volui, –	vouloir	volonté
nolle, nolo, nolui, –	ne pas vouloir	
exire, exeo, exi(v)i, exitum	sortir	« exit »

Latine Loquimur — Nous parlons latin

Si vis* pacem*, para bellum

* vis = tu veux (2e p. sg. indic. prés. de VELLE)
* pax, pacis = la paix

Les poulets sacrés

11

Acquisitions grammaticales

Verbes

- **l'infinitif présent** (V.A. / V.P.).

Syntaxe des propositions

- **la proposition infinitive** (= P^2 infinitive).

Centre d'intérêt : Les guerres puniques.

P. Claudius, bello Punico primo, cum proelium navale committere vellet auspiciaque more maiorum petiisset et pullarius non exire cavea pullos nuntiavisset, abici eos in mare iussit dicens : « Quia edere nolunt, bibant ! » Et L. Iunius, P. Claudii collega, neglectis auspiciis, classem tempestate amisit damnationisque ignominiam voluntaria morte praevenit.

D'après Valère-Maxime, I, 4, 3.

Synthèse

I. SYNTAXE DES PROPOSITIONS

La proposition infinitive (complétive d'un verbe)

3 CARACTÉRISTIQUES

- son **verbe** est à l'**infinitif**
- son **sujet** est à l'**accusatif** (de même que son **attribut**)
  ⚠ **Ce sujet doit obligatoirement être exprimé.**
- elle est **C.O.D.** de verbes exprimant la **déclaration**, la **perception**, l'**opinion** et certains verbes de **volonté**…

⚠ **TEMPS DE L'INFINITIF** : l'infinitif **présent** exprime une **simultanéité** par rapport au verbe « introducteur ».

putare, o . . . . . penser (que…)
intellegere, o . . comprendre (que…)
credere, o . . . . croire (que…)
scire, io . . . . . . savoir (que…)
nescire, io . . . . ignorer (que…)
…

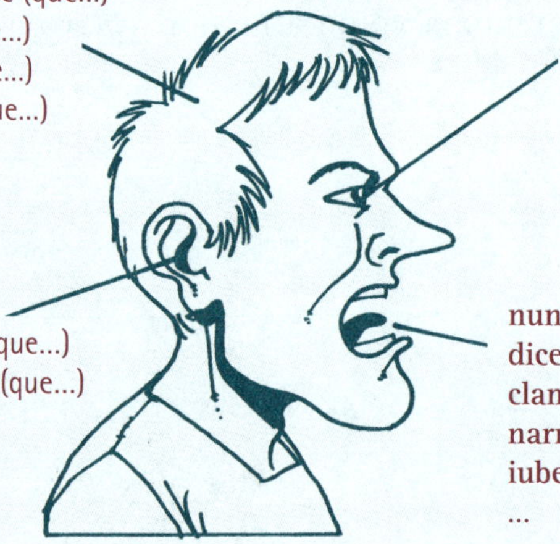

videre, eo . . . voir (que…)
…

audire, io . . . . entendre (que…)
apprendre (que…)
…

nuntiare, o . . annoncer (que…)
dicere, o . . . . dire (que…)
clamare, o . . . crier (que…)
narrare, o . . . raconter (que…)
iubere, eo . . . ordonner (que…)
…

Pour les temps primitifs de ces verbes, consultez l'index final.

Exemples :

– Pullarius [non exire cavea pullos] nuntiat.
V S

Le pullaire annonce | que les poulets ne sortent pas de leur cage
p1 | p2

– P. Claudius [abici in mare pullos] iussit.
V S

P. Claudius ordonna | que les poulets soient jetés à la mer.
p1 | p2

Comment traduire en FRANÇAIS la proposition infinitive ?

1. Introduire le « QUE » après le verbe « introducteur » ;
2. Conjuguer le verbe de la P[2] au MODE qui convient.

Exemples :

[Eum VENIRE] iubeo = J'ordonne qu'il VIENNE.
[Eum VENIRE] sciebam = Je savais qu'il VENAIT.

II. VERBES

L'infinitif présent

	TH_1	
	V.A.	V.P.
1re conj.	ama -re	ama -ri
2e conj.	mone -re	mone -ri
3e conj.	leg -e -re	leg -i
4e conj.	audi -re	audi -ri
4e conj. bis	cape -re[1]	capi[2]

Terre cuite représentant un éléphant de guerre *(Musée National, Naples, Italie).*

1 capere < capĭ-re
2 capī < capĭ-ĭ

Utilisez vos apprentissages...

1. UN PEU DE CONJUGAISON ✦ 6 14

Voici des verbes conjugués à la 1re personne du sg. **Formez leur infinitif présent** (V.A. et V.P.).

1. nuntio
2. requiro
3. abicio
4. recipio
5. moveo
6. addo
7. condo
8. terreo
9. eligo
10. aperio

2. OUVREZ L'ŒIL ! ✦✦ 15 11

a) **Décomposez** les formes verbales suivantes.
b) **Traduisez-les.**

1. rapi - rapti - rapui - rapti sunt
2. vocari - vocavi - vocamini - vocati
3. elegisti - elegi - eligi - electi sumus
4. audivi - audiri - auditi - auditi estis

3. PLEINS FEUX SUR LA PROPOSITION INFINITIVE ! ✦✦ 1 18

a) **Mettez entre crochets** [...] la proposition infinitive et **repérez** ses composantes.
b) **Traduisez ensuite les phrases complètes.**

1. Virgines a militibus rapi sciebat Romulus.
2. Pullarius non exire cavea pullos narravit.
3. P. Claudius pullos in cavea edere nolle videbat.
4. Pullarius P. Claudium proelium navale committere velle audivit.
5. Diagoras filios a populo floribus coronari videbat.
6. Nuntius tres filios victores[3] eodem die Olympiae esse nuntiat.
7. Milites equum Alexandrum extra tela referre viderunt.
8. Nationes vicinas ad spectaculum invitari iubebat Romulus.

4. SACHEZ CRÉER DES P² INFINITIVES ! ✦ 1 6 18

a) **Repérez** le verbe, le sujet, et éventuellement l'attribut de chaque phrase de la première colonne.
b) **Subordonnez** cette phrase au verbe **introducteur** proposé en marge.
c) **Traduisez** la phrase ainsi obtenue.

1. Pulli cavea non exeunt.	Pullarius dicit
2. Ille auspicia petebat.	Omnes sciebant
3. Servus homo non est.	Nonnulli [4] putant
4. Vercingetorigis severitas maxima erat.	Galli narrabant
5. Homines a druidibus immolabantur.	Caesar sciebat
6. Deorum potestas ingens erat.	Galli credebant
7. Ab Augusto Antonius apud Actium vincitur.	Cleopatra intellegit
8. Virgines a Romanis rapiebantur.	Romulus iussit

3 victor, victoris = le vainqueur.
4 nonnulli, ae, a = certains, quelques-uns.

Gamenou

5. UN BREF RETOUR AUX DÉCLINAISONS ✦ 14 6

Déclinez au cas indiqué (sg. et pl.).

1. urbs condita (*abl.*)
2. illa natio (*dat.*)
3. manus sua (*gén.*)
4. hoc corpus (*acc.*)
5. is dies (*gén.*)
6. proelium illustre (*acc.*)
7. nox nigra (*gén.*)
8. mons ingens (*abl.*)
9. res crebra (*dat.*)
10. animal expulsum (*abl.*)

6. UN NOM, UN VERBE, DIX PHRASES ! ✦ 15 18

Jonglez avec les mots gladius – stringere : **traduisez** les phrases suivantes.

1. Horatius, gladio stricto, sororem transfixit.
2. Gladio quem strinxerat Horatius sororem occidit[5].
3. Horatium, gladio stricto, sororem occidere omnes viderunt.
4. Gladium ab Horatio stringi milites videbant.
5. Horatia, cum fratrem gladium stringere vidit, territa est.
6. Horatius, quia sororis comploratione movebatur, gladium strinxit.
7. Horatius, sorore visa, eius comploratione motus est et gladium strinxit.
8. Cum Horatium gladium stringere velle intellexit, Horatia mota est.
9. Gladium quem frater stringebat soror non vidit.
10. Sororis comploratione audita, Horatius gladium strinxerat.

7. JONGLEZ AVEC LES STRUCTURES ✦ 11 6 18

Voici une série de phrases utilisant des structures rencontrées au cours de cette année.

a) **Identifiez-les** : s'agit-il – d'un « cum historique » ?
– d'un ablatif absolu ?
– d'une P^2 relative ?
– d'une P^2 infinitive ?

b) **Modifiez** le verbe entre (...) pour qu'il convienne à la structure ainsi identifiée.

c) **Traduisez** les phrases obtenues.

1. P. Claudius, cum proelium navale committere (velle), auspicia more maiorum petiit.
2. Auspiciis (petere), proelium commiserat.
3. Milites P. Claudium auspicia (petere) nesciebant.
4. Ira deorum quos P. Claudius (contemnere) maxima fuit.
5. P. Claudius pullos in mare statim (abicere) iussit.
6. P. Claudius, cum auspicia (neglegere), classem terrifica tempestate amisit.
7. Milites tempestatem a deis (mittere) credebant.
8. P. Claudii collega, classe (amittere), damnationem voluntaria morte praevenit.

5 occidere, o, occidi, occisum = tuer.

8. UN MOT DE TROP ! ✦ 10 7

Avec chaque série de mots, **composez** une phrase ; un mot ne trouvera pas sa place : **supprimez-le** !

1. Ab – Cleopatra – et – Antonio – Caesare – reginae – est amata.
2. Casus – a – Romani – cum – mitti – credebant – hominibus – deis.
3. Dominum – putant – semper – felicem – multi – esse – servi – miseris.
4. Puellas – iuventutis – sciunt – beatum – revenire – nunquam – tempus – senes.

2 18 7

Clémence d'Auguste

Cum apud Vedium Pollionem cenaret divus Augustus, fregit unus ex servis eius crystallinum ; rapi illum et muraenis obici Vedius iussit.
Evasit e manibus puer et confugit ad Caesaris pedes. Motus est novitate crudelitatis Caesar.
Illum mitti, crystallina omnia coram se frangi complerique piscinam iussit.

D'après Sénèque, De Clementia, I, 18.

Vocabulaire

cenare, o .... souper
complere, eo .... remplir
confugere, io, confugi, confugitum .... se réfugier
coram (+*acc.*) .... en présence de
crudelitas, crudelitatis ...... la cruauté
crystallinum, i .... le vase de cristal
divus, a, um .... divin
evadere, o, evasi, evasum ... s'évader, s'enfuir
frangere, o, fregi, fractum ... briser
mittere, o .... (ici) relâcher
muraena, ae .... la murène
novitas, novitatis ...... la nouveauté, le caractère inhabituel
obicere, io, obieci, obiectum .... jeter
piscina, ae .... le vivier
puer, i .... (ici) le jeune esclave
unus ex (+ *abl.*) .... l'un des...
Vedius, i Pollio, ionis ... Vedius Pollion (nom d'homme)

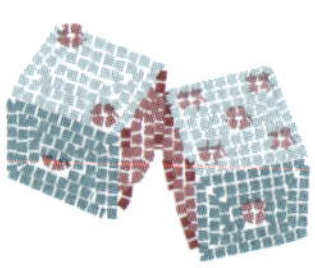

15 11

Casse-tête !

Voici deux séries de six formes. Il faut avoir l'œil attentif pour les différencier ! Y arriverez-vous ? Traduisez chacune d'elles.

VICI	MORI
VISI	MORTI
VIXI	MOVI
VICTI	MOTI
VIDI	MORIS
VILI	MOTIS

Pour en savoir plus sur... les guerres puniques

1. DÉFINITIONS

1. **Punique = carthaginois**. Les Romains appelaient les Carthaginois « Poeni » (déformation de l'adjectif signifiant phénicien) car Carthage avait été fondée en 814 A.C.N. par des Tyriens, habitants de Tyr en Phénicie.
2. **Guerres puniques** : nom donné au conflit qui opposa pendant plus d'un siècle Rome à Carthage pour la maîtrise de la Méditerranée centrale et occidentale.

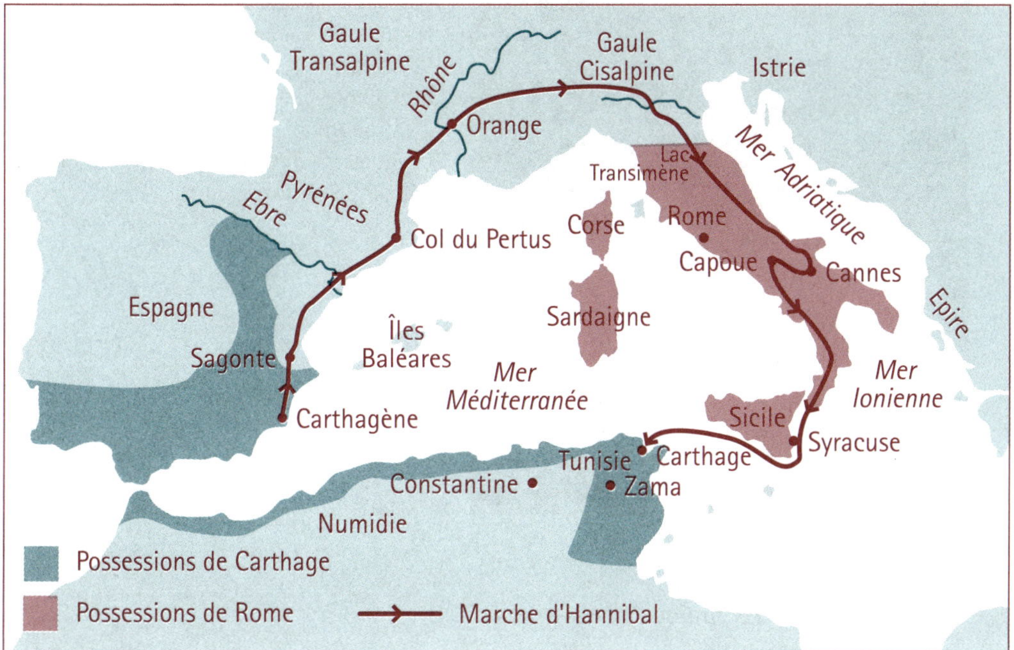

2. LES GUERRES PUNIQUES

A. La première guerre punique (264-241 A.C.N.)

LA SICILE, THÉÂTRE DES OPÉRATIONS

Les guerres puniques eurent pour principale cause l'ambition des Romains sur la **Sicile « riche en blé »**, mais déjà aux mains des Carthaginois et des Grecs. Les Carthaginois portèrent la **guerre sur mer**, ce qui détermina les Romains à construire une flotte à la hâte. Les Romains remédièrent à leur inexpérience maritime par leur ingéniosité : en 60 jours, ils improvisèrent une marine de guerre et remportèrent leurs deux premières victoires navales. Cette première guerre se solda en 241 par le paiement par les Carthaginois d'une **indemnité de guerre aux Romains** et par **la réduction de la Sicile en première province romaine**.

B. La deuxième guerre punique (219-202 A.C.N.)

HANNIBAL ET SCIPION L'AFRICAIN

La deuxième guerre punique fut l'œuvre presque tout entière du grand **Hannibal**. Ennemi juré des Romains, il décida de faire de l'**Espagne** sa base d'opérations. En 219 A.C.N., il commença par s'emparer de Sagonte, ville espagnole alliée des Romains. Rome déclara alors la guerre à Carthage. En 218, Hannibal, prenant l'offensive, marcha sur **Rome** avec une armée de 50 000 fantassins, 9 000 cavaliers et 27 éléphants ; il traversa la Gaule, franchit les Pyrénées, le Rhône, les Alpes, écrasa les Romains au Tessin, à la Trébie (218), au lac Trasimène (217), à Cannes (216) ; mais, ne recevant aucun secours sérieux, et affaibli par ses victoires mêmes (il ne lui restait plus que 2 000 fantassins, 6 000 cavaliers et 9 éléphants), il vit bientôt la fortune se tourner contre lui.

En effet, Rome trouva en la personne de **Publius Scipion** un général digne d'Hannibal, qu'elle envoya à Carthage. Carthage, directement menacée rappela Hannibal d'Italie : il fut vaincu à Zama (202 A.C.N.) et dut accepter une paix humiliante pour Carthage (201 A.C.N.). C'est pourquoi Scipion reçut le « cognomen » d'**Africain** et fut désormais appelé **Scipio Africanus**.

Hannibal

C. La troisième guerre punique (149-146 A.C.N.)

« DELENDA CARTHAGO »

Cette troisième guerre fut courte et décisive : Carthage, reprenant vigueur sous l'impulsion d'Hannibal, faisait sans cesse dire à **Caton**, à Rome : **« Il faut détruire Carthage »**. La voix du vieux Romain fut entendue et Rome, sous le prétexte que Carthage avait violé le traité de 201, envoya des légions en Afrique ; Carthage assiégée fut détruite de fond en comble. Son sol, arrosé de sel, fut maudit. Son territoire, annexé à l'État romain, **devint la province d'Afrique** (146 A.C.N.).

7 20

1. Montrez que Carthage ne fut pas réduite d'un seul coup à l'état de Province d'Afrique.
2. Pourquoi Publius Scipion reçut-il le « cognomen » d'« Africanus » ?
3. À qui doit-on les célèbres paroles : « Delenda Carthago » ? Que savez-vous de ce personnage ?

Tous les moyens sont bons !

Au moment de franchir les Alpes avec ses troupes, Hannibal est bloqué par un énorme rocher. Il met donc ses hommes à l'ouvrage. Comme il fallait entamer la pierre, ils abattent aux environs et ébranchent des arbres gigantesques, en font un énorme bûcher, puis, un vent violent propre à faire du feu s'étant levé, ils allument ce bûcher, et sur la pierre brûlante versent du vinaigre qui la désagrège. La roche ainsi calcinée, ils l'ouvrent avec le fer, en adoucissant la pente par des lacets modérés, pour pouvoir faire descendre non seulement les mulets mais les éléphants. On passa quatre jours près de ce rocher...

Légionnaires à bord d'un bâtiment de guerre avec poupe et rames *(Musée du Vatican, Rome).*

VOULEZ-VOUS JOUER ? ⇨ page 182

Vocabulaire

NOMS

1re déclinaison (féminins)

statura, ae — la taille

3e déclinaison (masculins-féminins)

Hercules, is — Hercule (nom d'homme)
gens, gentis — la nation, la famille
orbis, orbis (M.) — le cercle — orbite
pes, pedis (M.) — le pied

4e déclinaison (masculins)

aspectus, us — le regard — aspect
incessus, us — la démarche

5e déclinaison (féminins)

facies, ei — la face, le visage, l'aspect — facies

ADJECTIFS

1re classe

canus, a, um — blanc, chenu
dexter, dextra, dextrum — droit — dextérité
(n)ullus, a, um (Génitif Sg. = (n)ullius) — aucun — nul
totus, a, um — entier — totalité
novus, a, um — nouveau, étrange — innovation
insolitus, a, um — inhabituel — insolite
tertius decimus, a, um — treizième

2e classe

terrestris, is, e — terrestre

PRONOMS

quidam (= qui + dam) — quelqu'un
sibi (*datif*) — à lui, à elle

ADVERBES

bene — bien
assidue — sans cesse — assidu
sane — certes, vraiment

VERBES

1re conjugaison

pererrare, o — parcourir en tous sens
explorare, o — s'informer — explorer
perturbare, o — troubler — perturber
putare, o — penser

3e conjugaison

trahere, o, traxi, tractum — tirer, traîner — traction

Irréguliers

novisse, novi (parfait à sens présent) — connaître
noverat — il connaissait

Latine Loquimur — Nous parlons latin

Sic* transit gloria* mundi

* sic = ainsi
* gloria, ae = la gloire

Une arrivée remarquée chez les dieux ! 12

Acquisitions grammaticales

Verbes

- l'infinitif parfait (V.A. / V.P.)

Syntaxe des propositions

- la proposition infinitive (= P^2 infinitive) : – de simultanéité
  – d'antériorité

Centre d'intérêt : Claude, empereur du Ier siècle P.C.N.

L'empereur Claude, *disparu dans des circonstances suspectes, bénéficia après sa mort de l'***apothéose**, *c'est-à-dire qu'il fut, comme l'empereur Auguste, admis officiellement par le Sénat au rang des dieux. Le philosophe* **Sénèque** *écrivit alors une satire, l'***Apocoloquintose** *de* **Claude**, *où il ridiculise l'empereur divinisé, imaginant son entrée parmi les dieux de* **l'Olympe**.

Nuntiatur Iovi venisse quemdam bonae staturae, bene canum, assidue illum caput movere, pedem dextrum trahere, nec Graecum esse nec Romanum, nec ullius gentis notae.
Tum Iuppiter Herculem, qui totum orbem terrarum pererraverat et omnes nationes noverat, iubet ire et explorare.
Tum Hercules primo aspectu sane perturbatus est : cum vidit novi generis faciem, insolitum incessum, vocem nullius terrestris animalis, putavit sibi tertium decimum laborem venisse.

D'après Sénèque, Apocoloquintose de Claude, V, 2-3.

Synthèse

SYNTAXE DES PROPOSITIONS : LA PROPOSITION INFINITIVE (suite)

Les temps dans la proposition infinitive

1. FORMATION

		VA.	V.P.
		TH[1]	
⚠ Rappel INFINITIF présent	1re Conj.	ama **re**	ama **ri**
	2e Conj.	mone **re**	mone **ri**
	3e Conj.	leg **e re**	leg **i**
	4e Conj.	audi **re**	audi **ri**
	4e Conj. bis	cape **re**	capi

		TH_2	TH_3
INFINITIF parfait	1re Conj.	amav **isse**	amat **um, am, um**[1] **esse**
	2e Conj.	monu **isse**	monit **um, am, um esse**
	3e Conj.	leg **isse**	lect **um, am, um esse**
	4e Conj.	audiv **isse**	audit **um, am, um esse**
	4e Conj. bis	cep **isse**	capt **um, am, um esse**
			(Pluriel : **-os, as, a esse**)

2. EMPLOI

> L'infinitif **présent** exprime la **simultanéité** par rapport au verbe « introducteur ».

Pullarius **nuntiat (nuntiabat)** [non EXIRE cavea pullos.]

(nuntiat / nuntiabat ↔ EXIRE (V) : **Simultanéité** ; pullos : S)

Le pullaire **annonce (annonçait)** [que les poulets ne **sortent (sortaient)** pas de leur cage].

> L'infinitif **parfait** exprime l'**antériorité** par rapport au verbe « introducteur ».

Pullarius **nuntiat (nuntiabat)** [non EXIISSE cavea pullos.]

(nuntiat / nuntiabat ↔ EXIISSE (V) : **Antériorité** ; pullos : S)

Le pullaire **annonce (annonçait)** [que les poulets ne **sont (n'étaient)** pas **sortis** de leur cage].

---

1 à l'**accusatif** car employé dans une proposition infinitive (sujet à l'Acc.).

Utilisez vos apprentissages...

1. OBSERVEZ BIEN LES INFINITIFS ✦ 15 11

Précisez le temps et la voix des infinitifs suivants :

1. ivisse
2. narratum esse
3. traxisse
4. receptam esse
5. eligi
6. conditum esse
7. rapi
8. cognoscere
9. invitari
10. esse

2. SACHEZ FORMER DES INFINITIFS ✦ 4 6

Composez les infinitifs demandés en les replaçant dans un carré des thèmes.

V.A.	V.P.
TH_1	
TH_2	TH_3

putare : *parfait, V.A.*
dicere : *présent, V.P.*
scire : *parfait, V.A.*
consistere : *parfait, V.A.*
credere : *parfait, V.P.*
iubere : *parfait, V.P.*
perturbare : *présent, V.P.*
esse : *parfait, V.A.*

3. AVEZ-VOUS LE SENS DES NUANCES ? ✦ 11 18

a) **Isolez** la P^2 infinitive par des [...]
b) **Traduisez** les phrases en étant bien attentifs aux variantes.

A.
1. Romulus comites[2] suos virgines rapere sciebat.
2. Romulus a comitibus suis virgines rapi sciebat.
3. Romulus a comitibus suis virgines raptas esse sciebat.
4. Romulus comites suos virgines rapuisse sciebat.

B.
1. Omnes milites equum Alexandrum e mediis hostibus referre viderunt.
2. Omnes milites ab equo Alexandrum e mediis hostibus relatum esse viderunt.
3. Omnes milites equum Alexandrum e mediis hostibus retulisse viderunt.
4. Omnes milites ab equo Alexandrum e mediis hostibus referri viderunt.

C.
1. Servorum vitam gravem fuisse legimus.
2. Servorum vitam gravem esse domini non nesciebant.
3. Servum rem, non hominem esse nonnulli[3] domini putabant.
4. Dominis Romanis servum rem, non hominem fuisse magister narrat.

2 comes, comitis = le compagnon.
3 nonnulli, ae, a = quelques.

4. CERNEZ L'INFINITIVE ! ✦✦ 11 18

a) **Mettez la proposition infinitive entre** [...]
b) **Traduisez les phrases** en étant attentifs au **temps de l'infinitif**.

1. Nuntius Iovi hominem insolitae faciei venisse nuntiat.
2. Animalia capta a Gallis immolata esse audivimus.
3. Hercules, viso Claudio, tertium decimum laborem sibi venire credidit.
4. In Caesaris libro Germanorum vitam in venationibus atque in pugnis constitisse legimus.
5. Plinius cinerem navibus incidisse nuntiavit.
6. Imperium omnium consensu ad Vercingetorigem delatum esse legimus.
7. Romulum, spectaculis Sabinis paratis, Sabinas cum comitibus rapuisse nesciebamus.
8. Cum Sabini uxores a Romanis raptas esse intellexerunt, bellum commoverunt.

5. FAITES LE POINT SUR LA CONJUGAISON ! ✦ 15 11

Traduisez les formes verbales suivantes, puis **calculez** votre moyenne /15.

1. exploravistis
2. perturbati estis
3. tractos
4. agitatae sunt
5. scripsi
6. transfixas
7. condebatur
8. incoluerat
9. moveris
10. eduximus
11. ponebantur
12. credidit
13. iusserunt
14. missi eratis
15. fuisti

6. COPIONS LES ANCIENS ! ✦✦ 1 18

Traduisez

Phaedrum[4] de duobus mulis fabulam scripsisse scimus.
Hic scriptor Latinus mulos duos onere[5] gravatos simul iter fecisse narrat. Alterum aurum, alterum viles res tulisse dicit. Erant latrones in eadem via. Cum duos mulos adpropinquare[6] viderunt, eos spoliare voluerunt. Primum mulum auro gravatum ferro sauciaverunt. Cum mulus rebus vilibus gravatus comitem a latronibus spoliari sauciarique videret, se felicem esse putavit fugitque. Haec Phaedri fabula opes magnis periculis obnoxias esse monstrat.

7. CHERCHEZ LA FILIÈRE ✦✦✦ 13 7

Le **thème du supin** des verbes : DEMANDER, CONNAÎTRE, TENIR, TOURNER, ENLEVER va nous aider à trouver le terme français correspondant aux définitions que voici :

1. se dit d'une personne aux opinions changeantes : ....
2. demande par écrit adressée à une autorité : ....
3. enlèvement d'une personne par violence : ....
4. action de détenir une personne en prison : ....
5. sans être connu, secrètement : ....

4 Phaedrus, i = Phèdre.
5 onus, oneris = le fardeau.
6 adpropinquare, o = approcher.

8. FAITES LE POINT SUR LES P[2]

✦ 11 6 18

a) **Donnez** aux verbes (...) la forme qui convient au sens de la phrase.
b) **Traduisez** les phrases obtenues.

1. Trimalchio, cum patrimonium[7] (**accipere**), naves aedificavit et, vino onerato, Romam misit.
2. Cum Neptunum omnes naves uno tempore (**devorare**) intellexit, non desperavit[8].
3. Omnibus navibus (**amittere**), Trimalchionis uxor, omnibus vestimentis[9] venditis, ei centum aureos in manu posuit.
4. Domum ingentem statim (**aedificare**) iussit Trimalchio.
5. Omnes Trimalchionem non iam[10] servum miserum (**esse**) videre poterant !

9. JONGLEZ AVEC LES PROPOSITIONS !

✦ 3 7 18

Voici une série de propositions.
a) **Regroupez-les** trois par trois pour former quatre phrases correctes ;
b) **Traduisez** ces phrases.

1. cum tres filii Olympiae vicissent
2. omnes milites viderunt
3. cum Cleopatra intellexit
4. multis vulneribus acceptis
5. Iovi Mercurius nuntiat
6. populum in patrem flores immisisse
7. nec Graecum nec Romanum esse
8. Antonium ab Augusti copiis vinci
9. equum fidelem regem e medio proelio referre
10. legimus
11. animal novum ad deos pervenisse
12. cum navibus reliquis e proelio fugit.

7 patrimonium, i = le patrimoine, l'héritage.
8 desperare, o = désespérer.
9 vestimentum, i = le vêtement.
10 non iam = ne ... plus.

2 18 7

Cheveux courts ou cheveux longs ?

Tonsores in Italiam primum venisse ex Sicilia dicunt post Romam conditam anno quadringentesimo quinquagesimo tertio. Olim tonsores non fuisse significant antiquorum statuae quod pleraeque habent capillum et barbam magnam.

D'après Varron, De Re rustica, II, 11, 10.

Vocabulaire

antiquus, a, um .... antique, ancien
barba, ae .... la barbe
capillus, i .... le cheveu
dicunt .... on dit...
olim .... jadis
plerique, pleraeque, pleraque .. la plupart
primum .... pour la première fois
quadringentesimus, a, um .... quatre-centième
quinquagesimus, a, um .... cinquantième
quod (+ Ind.) .... parce que
Sicilia, ae .... la Sicile
significare, o .... indiquer, montrer
statua, ae .... la statue
tonsor, is .... le coiffeur

2 14

	1	2	3	4	5	6	7
A							
B		■	■		■		
C						■	
D					■		
E			■				
F				■		■	
G		■					■

Verticalement

1. Larges (*Gén. f. pl.*)
2. Une ville en désordre (*Abl. sg.*)
3. Caractéristique d'infinitif / je suis allé
4. Le cercle (*Gén. sg.*)
5. L'art (*Nom. sg.*)
6. Préposition inversée / dans
7. Montagnes

Horizontalement

A. Le travail (*Acc. sg.*)
B. Je donne
C. A servi à former le verbe « perturbo »
D. Je m'en allai / il va
E. Caractéristique d'infinitif / vraiment
F. Infinitif présent V.P. de urere, o (= brûler)
G. Terminaison d'infinitif

Pour en savoir plus sur…

Claude, empereur du Ier siècle P.C.N.

1. UN PEU D'HISTOIRE

= empereurs julio[11]-claudiens
- AUGUSTE (OCTAVE) → création de l'empire en 27 A.C.N.
- TIBÈRE
- CALIGULA
- CLAUDE
- NÉRON → 68 P.C.N. : révolution et suicide du dernier julio-claudien.

2. CLAUDE, UN EMPEREUR QUI N'IMPOSE PAS LE RESPECT !

Sa personne ne manquait ni de prestance ni de noblesse quand il était assis ou debout, et surtout au repos, car il avait la taille élancée, mais non pas grêle, une belle figure, de beaux cheveux blancs, un cou bien plein ; mais lorsqu'il marchait, la faiblesse de ses jarrets le faisait tituber, et quand il parlait, soit en plaisantant, soit de manière sérieuse, il avait bien des ridicules : un rire désagréable, une colère plus hideuse encore, qui faisait écumer sa bouche largement ouverte, et mouillait ses narines, en outre une voix bégayante, et un perpétuel hochement de tête, qui redoublait au moindre de ses actes.

Il prenait très peu de sommeil, étant sur pied d'ordinaire avant le milieu de la nuit, mais il s'endormait parfois pendant le jour en rendant la justice, et les avocats parvenaient à grand-peine à le réveiller en élevant intentionnellement la voix. Il avait pour les femmes une passion effrénée…

Suétone, Vie des XII Césars, Claude, 30 et 33 (passim), trad. H. Ailloud.

3. TRISTE FIN

On s'accorde à dire que Claude périt par le poison, mais quand lui fut-il donné et par qui ?… sur ce point les avis diffèrent. Certains rapportent que ce fut alors qu'il dînait avec des prêtres dans la citadelle, par l'eunuque Halotus, son dégustateur ; d'autres, pendant un festin donné au Palatium, par Agrippine elle-même, qui lui avait fait servir des cèpes empoisonnés, genre de mets dont il était friand. Même désaccord sur les suites de l'empoisonnement. Beaucoup prétendent qu'aussitôt après avoir absorbé le poison, il devint muet, fut torturé par la souffrance durant toute la nuit et mourut à l'approche du jour. Selon quelques-uns, il fut d'abord assoupi, puis son estomac trop chargé rejeta tout ce qu'il contenait ; alors, on lui donna de nouveau du poison, peut-être dans une bouillie, car, épuisé, en quelque sorte, il avait besoin de nourriture pour se refaire…

Suétone, ibid., 44 (passim).

11 Ainsi nommés car ils étaient apparentés à la « gens » Julia, famille de Jules César.

Texte 2

Relevez, dans le portrait de Claude par Suétone, les traits qui sont repris dans la caricature de Sénèque (texte de l'étape XII).

Texte 3

Montrez, à partir du récit de la mort de Claude, qu'il n'est pas aisé pour l'historien d'établir la vérité historique.

Empereur malgré lui !

Si Claude, à l'âge de 50 ans, accéda au trône impérial, ce fut grâce au hasard le plus extraordinaire. Lors du coup d'État qui mit fin au règne de son neveu Caligula, Claude se trouvait dans le palais ; terrorisé d'apprendre l'assassinat de l'empereur, il se glissa en rampant vers une terrasse voisine et se dissimula derrière les plis de la tenture placée devant la porte. Un soldat qui courait de tous côtés aperçut par hasard ses pieds. Curieux de savoir qui ce pouvait bien être, il le reconnut, le tira de sa cachette et comme Claude, terrifié, se jetait à ses genoux, le soldat le salua du nom d'empereur…

D'après Suétone, Claude 10.

L'empereur Claude *(Musée municipal, Vaison-la-Romaine, France)*.

VOULEZ-VOUS JOUER ? ➪ page 183

Hercule tuant le Python, fresque (détail). Maison des Vettii, Pompéi (Italie).

Textes des étapes : modifications apportées au texte authentique

		TEXTE AUTHENTIQUE	TEXTE MODIFIÉ
■	ligne 2	hi omnes	omnes Galli
	ligne 4	post hunc	post Mercurium
		pas de verbe	→ colunt
■	ligne 1	rei militaris	pugnarum
	ligne 3	hi	Germani
	ligne 6	exercent	se exercent
■	ligne 2	pluribus locis	in pluribus locis
	ligne 4	Plinium excitant, alios	omnes
	ligne 8	pas de verbe	→ erat
■	ligne 2	convocatis suis clientibus, incendit	clientes incendit
■	ligne 5	ab Augusto victus est.	Augustus eum vicit
	ligne 8	veneno eius exstincta est	venenum eam exstinxit
■	ligne 1	condita civitate	civitatem condidit
	ligne 4	cum non haberent	quia non habebant
	ligne 7	commotis bellis... vicit Antemnates, Crustuminos, Sabinos, Fidenates, Veientes	commota sunt bella ; ... vicit Sabinos aliasque civitates.
■	ligne 1	gerens	gerebat
	ligne 2	cui	ei
	ligne 5	feroci iuveni	ferocis iuvenis
■	ligne 1	muli... ibant...	cum muli ...irent...
	ligne 2	unus ferebat ...	unus ferret
	ligne 7 à 9	advolant, sauciant, diripiunt, neglegunt	advolaverunt, sauciaverunt, diripuerunt, neglexerunt
	ligne 5	equidem me contemptum	ego ... me contempserunt
■	ligne 3	pancratiasten	pancratiastam
	ligne 5	et cum ibi eum tres adulescentes amplexi, coronis suis in caput patris positis, saeviarentur...	coronis in caput patris positis...
■	ligne 5	ubi extulerat	cum extulit
■	ligne 4	esse	edere
■	ligne 2	enim	illum
	ligne 5	nosse videbatur	noverat

VOULEZ-VOUS JOUER ?

• MOTS EN GRILLE

Étape 1 La Gaule

Horizontalement

1. Il était bien utile au moissonneur
2. Le bas-relief de la moissonneuse gauloise y fut retrouvé
3. Boisson appréciée des Gaulois
4. Nom latin des chaussures gauloises
5. Elle peut rendre plus blond
6. Tunique portée par les Gaulois

Verticalement

I. Gaulois des tribus du nord.
II. Pantalon gaulois
III. Collier gaulois
IV. Pilosité portée fièrement par les Gaulois

Les Germains Étape 2

- LA LETTRE-MYSTÈRE

Chaque lettre est l'initiale d'un nom (en français) repris à la leçon sur la Germanie. À vous de les compléter!

A....................

R....................

T....................

G....................

R....................

O....................

E....................

V....................

Besoin d'aide?

Regardez les définitions ci-dessous. Attention! Elles sont notées dans le désordre!

fleuve – dernier empereur romain – chef germain – roi des Huns – chef des Vandales – destructeur ignare – animal nordique – auteur latin

• CHARADES

Étape 3 Pompéi

Mon premier est bon à respirer
Mon second est le symbole chimique du cuivre
Mon troisième est une note de musique
Mon dernier est synonyme de « appelle »

Mon tout est une ville ravagée par le Vésuve

Mon premier sort de la bouche du serpent
Mon deuxième est un adjectif possessif
Mon troisième est une petite boule qui amuse les enfants

Mon tout fut atteint gravement par l'éruption de 79

Mon premier n'est pas un garçon
Mon deuxième est un métal précieux
Mon troisième fait voler les oiseaux
Mon dernier offre le sommeil

Mon tout est un célèbre archéologue

UNE CHARADE AUTREMENT...

Trouvez le mot qui convient pour compléter chaque phrase. En les ajoutant bout à bout, vous trouverez le nom d'un auteur latin.

Je vais repasser ma jupe car il s'est fait un vilain . . . . . .
Je . . . . . . connais pas ma leçon.
Je vois mon cousin d'Italie une fois . . . . . .
Je préfère ce pantalon – . . . . . .
Tu . . . . . . as pris suffisamment.

• TROUVEZ LE BON MOT!
Choisissez, entre les deux mots proposés, celui qui convient au sens du texte!

Vercingétorix Étape 4

Vercingétorix est un des premiers héros de l'histoire de [France / Italie]. Son père, [Ambiorix / Celtillus], était chef des [Carnutes / Arvernes]. Le jeune Vercingétorix fut d'abord [encouragé / rejeté] par les chefs de sa tribu. Plus tard, il acquit une telle popularité en Gaule qu'il fut nommé [roi / prince]. Il [organisa / calma] la révolte des Gaulois contre l'occupation romaine. À [Avaricum / Gergovie], la capitale de son peuple, il combattit les légions romaines : ce fut pour lui une [victoire / défaite]. Après des mois de conflit, les troupes gauloises durent se réfugier à [Alésia / Genabum] où l'armée romaine les encercla. Après un siège pénible, Vercingétorix [s'enfuit / se rendit]. Finalement son vainqueur, [Auguste / César], l'emmena à Rome, où il vécut [en prison / dans une villa] durant [six mois / cinq ans]. Finalement, il mourut [de faim / étranglé], payant de sa vie sa révolte contre l'hégémonie de [Rome / la Gaule].

p. 91 et 92

• MOTS CACHÉS

Retrouvez dix noms (en français) qui se rattachent à l'histoire de Rome au 1er siècle A.C.N.

Étape 5 La fin de la République

R	T	P	O	C	T	A	V	E	R
E	X	A	N	L	U	F	I	P	N
P	T	U	C	E	S	A	R	I	S
U	A	N	T	O	I	N	E	R	C
B	C	M	R	P	S	G	G	E	L
L	T	U	D	A	B	L	Y	A	S
I	I	R	X	T	Y	A	P	V	E
Q	U	O	P	R	Q	A	T	I	A
U	M	T	L	E	F	R	E	M	I
E	O	H	A	U	G	U	S	T	E

• QUI SUIS-JE?

Les rois de Rome — Étape 6

Qui suis-je?

1 – Je m'étends au nord du Latium
– J'ai donné trois rois à Rome
– Mes anciens tombeaux voient défiler les touristes

? _ _ _ _ _

2 – J'aimais les bijoux plus que tout
– Je l'ai payé de ma vie
– Un rocher porte mon nom

? _ _ _ _ _

3 – À mes pieds coule le Tibre
– J'accueillis un jour un certain berceau
– J'ai porté les palais des empereurs

? _ _ _ _ _

4 – Mon nom est étrusque
– Mon surnom signifie « L'orgueilleux »
– Ç'aurait pu être « Septimus et ultimus »

? _ _ _ _ _

Qui sommes-nous?

5 – Nous sommes des filles d'Italie
– Nos maris furent nos ravisseurs
– Le champ de bataille ne nous fait pas peur

? _ _ _ _ _

- LE PERSONNAGE-MYSTÈRE

Trouvez les mots adéquats pour compléter les phrases suivantes. En reprenant l'initiale de chacun d'eux dans la grille, vous trouverez le nom d'un personnage que vous avez rencontré au cours de vos récentes traductions.

Étape 7 Les Horaces et les Curiaces

1. Comme Pompéi, ... fut victime de la colère du Vésuve.
2. . . . . vainquit Antoine et Cléopatre à Actium.
3. Le . . . . fut longtemps la frontière naturelle entre la Gaule et la Germanie.
4. Vercingétorix appartenait à la tribu des . . . .
5. Nous avons lu le récit de . . . . sur le combat des Horaces et des Curiaces.
6. Devant le chagrin de sa sœur, Horace s'est montré un frère . . . .
7. La chasse aux . . . . était familière aux jeunes Germains.

1	2	3	4	5	6	7

- HISTOIRES D'ANIMAUX

Retrouvez les noms des animaux manquants pour compléter les titres de ces fables de Phèdre qui ont inspiré, beaucoup plus tard, Jean de La fontaine.
Il vous faut **un insecte, deux oiseaux, un batracien et cinq mammifères!**

Le . . . . et le chien.

Le . . . . et le renard.

La . . . . et la mule.

La . . . . qui veut se faire aussi grosse que le bœuf.

Le loup et l' . . . .

Le renard et la . . . .

Le . . . . qui lâche la proie pour l'ombre.

Le . . . . et les raisins.

Les deux . . . .

ENCORE DES ANIMAUX...

Des noms d'animaux ont été utilisés dans le vocabulaire militaire de l'armée romaine. Pourriez-vous préciser ce second sens pour chacun des noms que voici?

- L'AIGLE (aquila, ae)
- L'ONAGRE (onager, i)
- LE BÉLIER (aries, arietis)
- LA TORTUE (testudo, inis)

• QUI SONT-ILS?

Voici une série d'œuvres antiques représentant des scènes des Jeux olympiques. Saurez-vous reconnaître chaque personnage?

Étape 9 Les Jeux olympiques

1

2

3

4

7

5

6

A. Un discobole
B. Nikè, déesse ailée de la victoire
C. Un athlète pratiquant le saut en longueur (avec des poids)

D. Des lutteurs
E. Un joueur de flûte
F. Un entraîneur avec ses élèves
G. Un aurige

- REMETTEZ DE L'ORDRE!

Alexandre le Grand — Étape 10

1. Voici des noms propres repris à l'histoire d'Alexandre le Grand. Les lettres sont mélangées; pouvez-vous les remettre en ordre?

x e o a n r   e l x d a e n a r

e r t t i a s o

y n b e la b o   c a d o m e n i e

2. Que signifient tous ces nombres mélangés? Chacun d'eux correspond à un fait de l'histoire d'Alexandre le Grand. Pourriez-vous les retrouver de mémoire?

356   334

20   31.000   33

323   IV

5,5

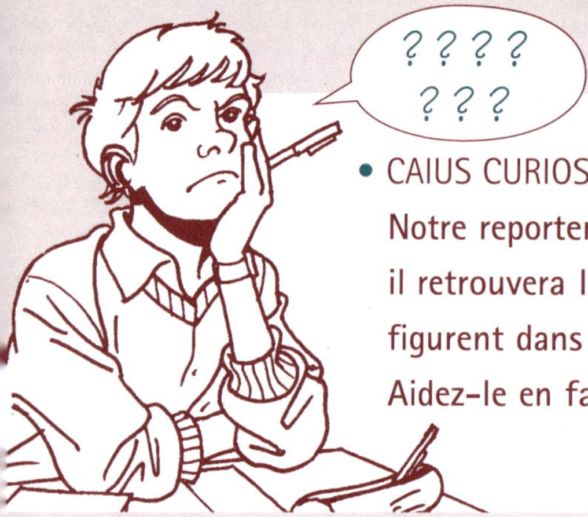

• CAIUS CURIOSUS PULCHER PART EN VOYAGE

Notre reporter bien-aimé a envie de visiter les lieux où il retrouvera la trace des personnages célèbres qui figurent dans les leçons de civilisation de LUX II. Aidez-le en faisant correspondre lettres et numéros!

Étape 11 Pêle-mêle

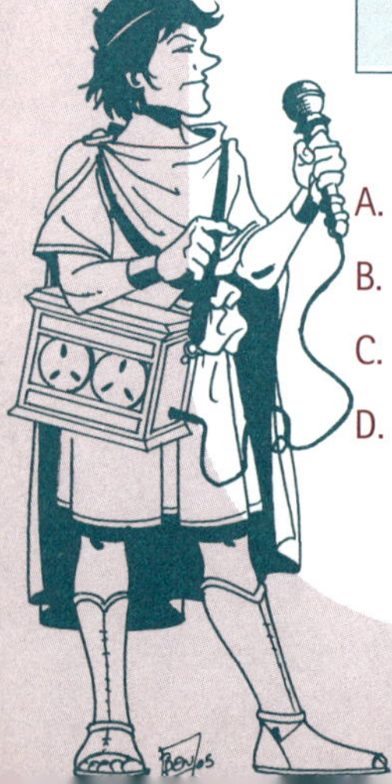

A. Pline l'Ancien y est mort.

B. Vercingétorix y fut roi.

C. Romulus y enleva les Sabines.

D. Cléopâtre y vécut.

E. Les champions sportifs s'y mesuraient.

F. Alexandre y passa sa jeunesse.

G. Octave y remporta une victoire navale.

H. Hannibal y naquit.

• LA PYRAMIDE

Trouvez, dans l'histoire des Julio-Claudiens, les mots qui correspondent aux indications données, et construisez la pyramide de la base au sommet. Chaque pierre est une lettre!

Les Julio-Claudiens — Étape 12

1. Une mère peu aimante!
2. S'il n'avait pas été assassiné, Claude n'aurait pas régné.
3. Ses récits nous éclairent sur les Julio-Claudiens.
4. Deuxième empereur romain.
5. Il ne fut pas empereur mais il était de la famille.
6. Un champignon qui fut fatal.
7. Trois initiales qui indiquent l'époque où vécut Néron.

Mémento grammatical

LES DÉCLINAISONS

LES NOMS

Première déclinaison (féminins)

-A | -AE

	= la rose	
	Singulier	*Pluriel*
Nominatif	ros a	ros ae
Vocatif	ros a	ros ae
Accusatif	ros am	ros as
Génitif	ros ae	ros arum
Datif	ros ae	ros is
Ablatif	ros a	ros is

Deuxième déclinaison (masculins + neutres)

MASCULINS: -US | -I ; -ER | -I

	= l'âme, l'esprit		= le champ		= l'enfant	
	Singulier	*Pluriel*	*Singulier*	*Pluriel*	*Singulier*	*Pluriel*
Nominatif	anim us	anim i	ager	agr i	puer	puer i
Vocatif	anim e	anim i	ager	agr i	puer	puer i
Accusatif	anim um	anim os	agr um	agr os	puer um	puer os
Génitif	anim i	anim orum	agr i	agr orum	puer i	puer orum
Datif	anim o	anim is	agr o	agr is	puer o	puer is
Ablatif	anim o	anim is	agr o	agr is	puer o	puer is

NEUTRES: -UM | -I

	= la guerre	
	Singulier	*Pluriel*
Nominatif	bell um	bell a
Vocatif	bell um	bell a
Accusatif	bell um	bell a
Génitif	bell i	bell orum
Datif	bell o	bell is
Ablatif	bell o	bell is

Troisième déclinaison (masculins, féminins + neutres) -? | -IS

MASCULINS + FÉMININS

	IMPARISYLLABIQUES		PARISYLLABIQUES	
	= l'homme (= être humain)		= le navire	
	Singulier	*Pluriel*	*Singulier*	*Pluriel*
Nominatif	homo ✓	homin es	nav is	nav es
Vocatif	homo ✓	homin es	nav is	nav es
Accusatif	homin em	homin es	nav em	nav es
Génitif	homin is	homin um	nav is	nav ium
Datif	homin i	homin ibus	nav i	nav ibus
Ablatif	homin e	homin ibus	nav e	nav ibus

NEUTRES

	= le temps, l'époque		= la mer	
	Singulier	*Pluriel*	*Singulier*	*Pluriel*
Nominatif	tempus ✓	tempor a	mar e	mar ia
Vocatif	tempus ✓	tempor a	mar e	mar ia
Accusatif	tempus ✓	tempor a	mar e	mar ia
Génitif	tempor is	tempor um	mar is	mar ium
Datif	tempor i	tempor ibus	mar i	mar ibus
Ablatif	tempor e	tempor ibus	mar i	mar ibus

⚠ pour les Nom. sg. en -E, -AL, ...

Quatrième déclinaison

MASCULINS -US | -US

	le fruit	
	Singulier	*Pluriel*
Nominatif	fruct us	fruct us
Vocatif	fruct us	fruct us
Accusatif	fruct um	fruct us
Génitif	fruct us	fruct uum
Datif	fruct ui	fruct ibus
Ablatif	fruct u	fruct ibus

Cinquième déclinaison

FÉMININS -ES | -EI

	la chose	
	Singulier	*Pluriel*
Nominatif	r es	r es
Vocatif	r es	r es
Accusatif	r em	r es
Génitif	r ei	r erum
Datif	r ei	r ebus
Ablatif	r e	r ebus

La 1re classe

Bonus, bon – **Pulcher**, beau – **Miser**, malheureux.

	Singulier			*Pluriel*		
	Masculin	*Féminin*	*Neutre*	*Masculin*	*Féminin*	*Neutre*
Nominatif	bon us	bon a	bon um	bon i	bon ae	bon a
Vocatif	bon e	bon a	bon um	bon i	bon ae	bon a
Accusatif	bon um	bon am	bon um	bon os	bon as	bon a
Génitif	bon i	bon ae	bon i	bon orum	bon arum	bon orum
Datif	bon o	bon ae	bon o	bon is	bon is	bon is
Ablatif	bon o	bon a	bon o	bon is	bon is	bon is
Nominatif	pulcher	pulchr a	pulchr um	pulchr i	pulchr ae	pulchr a
Vocatif	pulcher	pulchr a	pulchr um	pulchr i	pulchr ae	pulchr a
Accusatif	pulchr um	pulchr am	pulchr um	pulchr os	pulchr as	pulchr a
Génitif	pulchr i	pulchr ae	pulchr i	pulchr orum	pulchr arum	pulchr orum
Datif	pulchr o	pulchr ae	pulchr o	pulchr is	pulchr is	pulchr is
Ablatif	pulchr o	pulchr a	pulchr o	pulchr is	pulchr is	pulchr is
Nominatif	miser	miser a	miser um	miser i	miser ae	miser a
Vocatif	miser	miser a	miser um	miser i	miser ae	miser a
Accusatif	miser um	miser am	miser um	miser os	miser as	miser a
Génitif	miser i	miser ae	miser i	miser orum	miser arum	miser orum
Datif	miser o	miser ae	miser o	miser is	miser is	miser is
Ablatif	miser o	miser a	miser o	miser is	miser is	miser is

La 2e classe

Omnis, tout – **Ingens**, immense.

	Singulier			*Pluriel*		
	Masculin	*Féminin*	*Neutre*	*Masculin*	*Féminin*	*Neutre*
Nominatif	omn is	omn is	omn e	omn es	omn es	omn ia
Vocatif	omn is	omn is	omn e	omn es	omn es	omn ia
Accusatif	omn em	omn em	omn e	omn es	omn es	omn ia
Génitif	omn is	omn is	omn is	omn ium	omn ium	omn ium
Datif	omn i	omn i	omn i	omn ibus	omn ibus	omn ibus
Ablatif	omn i	omn i	omn i	omn ibus	omn ibus	omn ibus
Nominatif	ingen s	ingen s	ingen s	ingent es	ingent es	ingent ia
Vocatif	ingen s	ingen s	ingen s	ingent es	ingent es	ingent ia
Accusatif	ingent em	ingent em	ingen s	ingent es	ingent es	ingent ia
Génitif	ingent is	ingent is	ingent is	ingent ium	ingent ium	ingent ium
Datif	ingent i	ingent i	ingent i	ingent ibus	ingent ibus	ingent ibus
Ablatif	ingent i	ingent i	ingent i	ingent ibus	ingent ibus	ingent ibus

LES ADJECTIFS-PRONOMS DÉMONSTRATIFS

- HIC-ISTE-ILLE-IS

	Singulier			*Pluriel*		
	Masculin	*Féminin*	*Neutre*	*Masculin*	*Féminin*	*Neutre*
Nominatif	hic	haec	hoc	hi	hae	haec
Accusatif	hunc	hanc	hoc	hos	has	haec
Génitif	huius	huius	huius	horum	harum	horum
Datif	huic	huic	huic	his	his	his
Ablatif	hoc	hac	hoc	his	his	his
Nominatif	iste	ista	istud	isti	istae	ista
Accusatif	istum	istam	istud	istos	istas	ista
Génitif	istius	istius	istius	istorum	istarum	istorum
Datif	isti	isti	isti	istis	istis	istis
Ablatif	isto	ista	isto	istis	istis	istis
Nominatif	ille	illa	illud	illi	illae	illa
Accusatif	illum	illam	illud	illos	illas	illa
Génitif	illius	illius	illius	illorum	illarum	illorum
Datif	illi	illi	illi	illis	illis	illis
Ablatif	illo	illa	illo	illis	illis	illis
Nominatif	is	ea	id	ei (ii)	eae	ea
Accusatif	eum	eam	id	eos	eas	ea
Génitif	eius	eius	eius	eorum	earum	eorum
Datif	ei	ei	ei	eis (iis)	eis (iis)	eis (iis)
Ablatif	eo	ea	eo	eis (iis)	eis (iis)	eis (iis)

• LE PRONOM RELATIF

	Singulier			*Pluriel*		
	Masculin	*Féminin*	*Neutre*	*Masculin*	*Féminin*	*Neutre*
Nominatif	qui	quae	quod	qui	quae	quae
Accusatif	quem	quam	quod	quos	quas	quae
Génitif	cuius	cuius	cuius	quorum	quarum	quorum
Datif	cui	cui	cui	quibus	quibus	quibus
Ablatif	quo	qua	quo	quibus	quibus	quibus

• LES PRONOMS PERSONNELS

	1re personne		2e personne		3e personne[1] *Réfléchi*
	Singulier	*Pluriel*	*Singulier*	*Pluriel*	*Singulier / Pluriel*
Nominatif	ego	nos	tu	vos	–
Vocatif	–	–	tu	vos	–
Accusatif	me	nos	te	vos	se
Génitif	mei	nostri / nostrum	tui	vestri / vestrum	sui
Datif	mihi	nobis	tibi	vobis	sibi
Ablatif	me	nobis	te	vobis	se

1 is, ea, id fonctionne comme pronom personnel non réfléchi de la 3e personne.

TEMPS FORMÉS SUR LE THÈME DU PRÉSENT (TH_1)

Voix active

INDICATIF	I	II	III	IV	IV bis
Présent	am o	mone o	leg o	audi o	capi o
	ama s	mone s	leg i s	audi s	capi s
	ama t	mone t	leg i t	audi t	capi t
	ama mus	mone mus	leg i mus	audi mus	capi mus
	ama tis	mone tis	leg i tis	audi tis	capi tis
	ama nt	mone nt	leg u nt	audi u nt	capi u nt
Imparfait	ama ba m	mone ba m	leg e ba m	audi e ba m	capi e ba m
	ama ba s	mone ba s	leg e ba s	audi e ba s	capi e ba s
	ama ba t	mone ba t	leg e ba t	audi e ba t	capi e ba t
	ama ba mus	mone ba mus	leg e ba mus	audi e ba mus	capi e ba mus
	ama ba tis	mone ba tis	leg e ba tis	audi e ba tis	capi e ba tis
	ama ba nt	mone ba nt	leg e ba nt	audi e ba nt	capi e ba nt

SUBJONCTIF	I	II	III	IV	IV bis
Imparfait	ama re m	mone re m	leg e re m	audi re m	cape re m
	ama re s	mone re s	leg e re s	audi re s	cape re s
	ama re t	mone re t	leg e re t	audi re t	cape re t
	ama re mus	mone re mus	leg e re mus	audi re mus	cape re mus
	ama re tis	mone re tis	leg e re tis	audi re tis	cape re tis
	ama re nt	mone re nt	leg e re nt	audi re nt	cape re nt

INFINITIF	I	II	III	IV	IV bis
Présent	ama re	mone re	leg e re	audi re	cape re

TEMPS FORMÉS SUR LE THÈME DU PRÉSENT (TH_1)

Voix passive

INDICATIF	I	II	III	IV	IV bis
Présent	am or	mone or	leg or	audi or	capi or
	ama ris	mone ris	leg e ris	audi ris	cape ris
	ama tur	mone tur	leg i tur	audi tur	capi tur
	ama mur	mone mur	leg i mur	audi mur	capi mur
	ama mini	mone mini	leg i mini	audi mini	capi mini
	ama ntur	mone ntur	leg u ntur	audi u ntur	capi u ntur
Imparfait	ama ba r	mone ba r	leg e ba r	audi e ba r	capi e ba r
	ama ba ris	mone ba ris	leg e ba ris	audi e ba ris	capi e ba ris
	ama ba tur	mone ba tur	leg e ba tur	audi e ba tur	capi e ba tur
	ama ba mur	mone ba mur	leg e ba mur	audi e ba mur	capi e ba mur
	ama ba mini	mone ba mini	leg e ba mini	audi e ba mini	capi e ba mini
	ama ba ntur	mone ba ntur	leg e ba ntur	audi e ba ntur	capi e ba ntur

SUBJONCTIF	I	II	III	IV	IV bis
Imparfait	ama re r	mone re r	leg e re r	audi re r	cape re r
	ama re ris	mone re ris	leg e re ris	audi re ris	cape re ris
	ama re tur	mone re tur	leg e re tur	audi re tur	cape re tur
	ama re mur	mone re mur	leg e re mur	audi re mur	cape re mur
	ama re mini	mone re mini	leg e re mini	audi re mini	cape re mini
	ama re ntur	mone re ntur	leg e re ntur	audi re ntur	cape re ntur

INFINITIF	I	II	III	IV	IV bis
Présent	ama ri	mone ri	leg i	audi ri	capi

TEMPS FORMÉS SUR LE THÈME DU PARFAIT (TH_2)

Voix active

Indicatif		Subjonctif	Infinitif
Parfait	*Plus-que-parfait*	*Plus-que-parfait*	*Parfait*
amav i	amav era m	amav isse m	
amav isti	amav era s	amav isse s	
amav it	amav era t	amav isse t	amav isse
amav imus	amav era mus	amav isse mus	
amav istis	amav era tis	amav isse tis	
amav erunt	amav era nt	amav isse nt	

TEMPS FORMÉS SUR LE THÈME DU SUPIN (TH_3)

Voix passive

Indicatif		Subjonctif	Infinitif
Parfait	*Plus-que-parfait*	*Plus-que-parfait*	*Parfait*
amat us, a, um	amat us, a, um	amat us, a, um	amat um, am, um[2] esse
sum	eram	essem	
es	eras	esses	
est	erat	esset	**Participe**
amat i, ae, a	amat i, ae, a	amat i, ae, a	*Parfait*
sumus	eramus	essemus	amat us, a, um
estis	eratis	essetis	
sunt	erant	essent	

2 Se rencontre à l'acc. dans la prop. infinitive.

Esse, sum, fu -i, – = **être**

	Indicatif	*Subjonctif*	*Infinitif*
Présent	s u m es es t s u mus es tis s u nt		esse
Imparfait	er a m er a s er a t er a mus er a tis er a nt	es se m es se s es se t es se mus es se tis es se nt	
Parfait	fu i fu isti fu it fu imus fu istis fu erunt		fu isse
Plus-q.-parfait	fu era m fu era s fu era t fu era mus fu era tis fu era nt	fu isse m fu isse s fu isse t fu isse mus fu isse tis fu isse nt	

Posse, possum, potu -i, – = **pouvoir**

	Indicatif	*Subjonctif*	*Infinitif*
Présent	pos sum pot es pot est pos sumus pot estis pos sunt		posse
Imparfait	pot eram pot eras ...	pos sem pos ses ...	

LE CARRÉ DES THÈMES

		VOIX ACTIVE	VOIX PASSIVE
		TH_1	
		MONE-	
Indicatif	*présent*	mone nt	mone ntur
	imparfait	mone ba nt	mone ba ntur
Infinitif	*présent*	mone re	mone ri[3]
Subjonctif	*imparfait*	mone re nt	mone re ntur

		TH_2	TH_3
		MONU-	MONIT-
Indicatif	*parfait*	monu erunt	monit i sunt
	plus-que-parfait	monu erant	monit i erant
Infinitif	*parfait*	monu isse	monit os esse
Subjonctif	*pl.-q.-pft.*	monu isse nt	monit i essent
Participe	*parfait*	–	monit us, a, um

3 INF. PRÉSENT : 1, 2, 4 : ri (ama-ri, mone-ri, audi-ri)
3, 4 bis : i (leg-i, capi).

LA SYNTAXE DES CAS

Cas	Fonction
Nominatif	– **sujet** du verbe – **attribut** du sujet
Vocatif	– **apostrophe** (= interpellation)
Accusatif	– **complément direct** du verbe – certains **compléments circonstanciels** (ex : **lieu**, ...) – **sujet** (et **attribut**) de la P² infinitive
Génitif	**complément du nom**
Datif	– **complément indirect** du verbe ou d'**attribution** question : à qui / à quoi ? – **complément d'avantage / de désavantage** du verbe question : pour qui / pour quoi ?
Ablatif	– **compléments circonstanciels** du verbe : **avec** (+) / **sans** (–) **préposition** (–) de **cause** (–) de **moyen** (–) de **temps** (–) **agent** (inanimé) (±) de **manière** → cum (+) certains c.c. de **lieu** → in, e[x], a[b], ... (+) **agent** (animé) → a[b] (+) d'**accompagnement** → cum – **sujet** de la P² ablatif absolu

L'**apposition** prend le **cas** du nom auquel elle est apposée.

Exemple :

Galli Martem, belli **deum**, colunt.

= **apposition**

Les Gaulois honorent Mars, dieu de la guerre.

LA SYNTAXE DES PROPOSITIONS SUBORDONNÉES (= P_2)

MODE	DÉNOMINATION	MOTS INTRODUCTEURS	
Indicatif	– P^2 relative	qui, quae, quod... (= qui, que...)	Romulus civitatem condidit [quam Romam vocavit]. (Ét. 6) Romulus fonda une cité [qu'il appela Rome].
	– P^2 temporelle	cum/ubi (= quand, lorsque) donec (= aussi longtemps que)	[Cum regem extra tela extulit], animam expiravit. (Ét. 10) [Lorsqu'il eut emmené le roi hors de portée des traits], il rendit l'âme.
	– P^2 causale	quia (= parce que, vu que)	[Quia uxores ipse et populus non habebant], invitavit vicinas nationes. (Ét. 6) [Vu que lui-même et son peuple n'avaient pas d'épouses], il invita des nations voisines.
Subjonctif	– P^2 « cum historique »	cum (= comme, alors que)	[Cum populus flores in eum iaceret], animam efflavit. (Ét. 9) [Comme le peuple lui lançait des fleurs], il rendit l'âme.
Infinitif	– P^2 infinitive	Pas de mot introducteur ! P^2 complément de verbes comme : – dicere, o = dire (que...) – audire, io= entendre (que...) apprendre (que) – credere, o = penser (que...) ...	Pullarius [non exire cavea pullos] nuntiavit. (Ét. 11) Le pullaire annonça [que les poulets ne sortaient pas de leur cage].
Participe	– P^2 ablatif absolu	Pas de mot introducteur !	[Stricto gladio], transfigit puellam. (Ét. 7) [Après avoir dégainé son glaive], il en transperce la jeune fille.

Versions complémentaires

...À LA PORTÉE DE TOUS !

ÉTAPE
CORRESPONDANTE
↓

CÉSAR NOUS PARLE DES GERMAINS

Germani multum ab Gallis differunt. Nam neque druides habent, neque sacrificia procurant. Deos Solem et Vulcanum et Lunam colunt.
Vita omnis in venationibus et in pugnis consistit. Agros non colunt : lacte, caseo, carne vivunt.

D'après César, B. G. VI, 21-22.

POUR EN SAVOIR PLUS SUR LES DRUIDES...

Omnibus druidibus praeest unus qui summam inter eos habet auctoritatem. Hoc mortuo, si unus ex reliquis excellit dignitate, succedit ; sed si sunt plures pares, suffragio druidum et, nonnumquam, etiam armis, contendunt.
Certo anni tempore in finibus Carnutum considunt in loco consecrato. Huc omnes Galli undique, qui controversias habent, conveniunt druidumque decretis iudiciisque parent.

D'après CÉSAR, B. G. VI, 13 (partim).

UN VIEILLARD EXCENTRIQUE

Videmus senem calvum, tunica vestitum russea ; inter pueros capillatos ludebat pila. Follem pilarum plenum habebat servus. Habebat senex in minimo digito sinistrae manus anulum grandem subauratum, extremo vero articulo digiti sequentis minorem, totum aureum...
Et dextrum nudavit lacertum armilla aurea cultum et eboreo circulo.

D'après PÉTRONE, Satiricon, XXXII, 3-4 (partim).

TÉLÉPHONE SANS FIL...

Carnutes Cenabum concurrunt civesque Romani, qui negotii causa ibi vivebant, interficiuntur bonaque eorum diripiuntur. Celeriter ad omnes Galliae civitates fama perfertur. Nam clamore per agros regionesque significant Galli ; ab aliis deinceps nuntius excipitur et proximis traditur.

D'après CÉSAR, B. G., VII, 3 (passim).

TRISTE FIN DE POMPÉE

Caesar cum infestis copiis in Italiam venit. Pompeius Urbem reliquit ac deinde ex Italia ipsa secessit et in Thessaliam iit cum consulibus senatoribusque omnibus. Caesar eum apud Pharsalum vicit.
Pompeius ad Ptolemaeum, Alexandriae regem, fugit. Sed Aegyptiaci milites, Ptolemaei iussu, latus Pompei sub oculis uxoris et liberorum gladio transfixerunt, caput absciderunt, truncum in Nilum abiecerunt. Deinde caput ad Caesarem detulerunt.

D'après DE VIRIS, 59, 9.

LES DEUX TARQUINS

Regnum Priscus Tarquinius accepit. Ab eo numerus senatorum duplicatus est. Urbis muros et cloacas aedificavit. Trigesimo octavo imperii anno, ab Anci filiis, regis eius cui ipse successerat, occisus est.
L. Tarquinius Superbus, septimus atque ultimus regum, qui cum Tuscis pacem fecerat, templum Iovi in Capitolio aedificavit.

D'après EUTROPE, Hist. rom., I, 6 et I, 8.

UNE ARME DE TAILLE !

Contra Pyrrhum, Epiri regem, bellum commotum est. Commissa pugna, iam Pyrrhi exercitus pedem referebat ; tum regis elephanti in Romanorum aciem acti sunt ; mutata est proelii fortuna. Nam, vastorum corporum mole visa, Romani turbabantur. Equis ad conspectum et odorem beluarum territis, sessores excutiebantur aut in fugam rapiebantur.
Nox proelio finem fecit.

D'après DE VIRIS, 27, 1.

UN CLAIR DE LUNE PROVIDENTIEL !

Confecto bello piratico, Cn. Pompeius contra Mithridatem regem in Asiam magna celeritate contendit. Cum ille noctu regis exercitum oppugnaret, luna Romanos adiuvit : nam, cum hanc Romani a tergo haberent, umbrae corporum longius proiectae usque ad hostium ordines primos pertinebant ; unde decepti regis milites in umbras tamquam in propinquum hostem tela mittebant.
Victus Mithridates in Pontum fugit.

D'après DE VIRIS, 59, 7.

LE VIN PLUS DANGEREUX QUE LES ARMES ?

Cyrus, cum aliquantisper in Scythiam processisset, castra collocavit. Deinde cum, postero die, simulato metu, castra deseruisset, vinum et ea quae epulis necessaria erant reliquit. Cum Persarum fuga Scytharum reginae nuntiata esset, adulescentem filium cum tertia parte copiarum misit.
Scythae, cum ad castra Cyri venissent, omissis hostibus, vino se oneraverunt ebrietateque prius quam bello victi sunt.
Nam, cognitis his, Cyrus reversus per noctem omnes Scythas cum reginae filio interfecit.

D'après JUSTIN, Hist. phil. I, 8.

LES FEMMES MANIFESTENT !

In medio ardore belli Punici, Oppius, tribunus plebis, legem tulerat quae vetabat mulieres Romanas plus semunciam auri habere, vestimento varii coloris uti et iuncto vehiculo in Urbe vehi.
Confecto autem bello, matronae pristina ornamenta sibi reddi postulaverunt.
Omnes vias Urbis obsidebant virosque ad forum descendentes orabant : legem Oppiam abrogari volebant.
Lex denique abrogata est.

D'après DE VIRIS, 44, 3.

LES AMAZONES : LÉGENDE OU RÉALITÉ ?

Traditur mulieres Scytharum quae Amazones dictae sunt, cum viri earum occupati bello longinquo diu abessent, propter subolem se miscuisse servis et omnem marem natum, relictis feminis, interfecisse.
Traditur nullam, ab ineunte aetate, lanificio sed palaestrae et armis operam dedisse ; ab illo mulierum exercitu nonnullas Europae gentes subactas et Asiae civitates captas esse.

D'après PSEUDO-AUGUSTIN, Quaest. test

...À LA PORTÉE DES AS !

ÉTAPE
CORRESPONDANTE
↓

1. ÉOLE, DIEU DES VENTS

Hic vasto rex Aeolus antro
luctantes ventos tempestatesque sonoras
imperio premit ac vinclis et carcere frenat.

VIRGILE, En. I, v. 52-54.

2. L'AMOUR EST AVEUGLE !

Thaida Quintus amat. Quam Thaida ? Thaida luscam.
Unum oculum Thais non habet, ille duos.

MARTIAL, Epig. III, 8.

1. GENTILLESSES

Declamas belle, causas agis, Attice, belle,
historias bellas, carmina bella facis,
componis belle mimos, epigrammata belle,
bellus grammaticus, bellus es astrologus,
et belle cantas et saltas, Attice, belle,
bellus es arte lyrae, bellus es arte pilae.

MARTIAL, Epig. II, 7, v. 1-6.

2. PLINE EST CONTENT DE SON ÉPOUSE

Summum est acumen, summa frugalitas... Accedit studium litterarum... Meos libellos habet, lectitat, ediscit etiam... Si quando recito, in proximo discreta velo sedet laudesque nostras avidissimis auribus excipit.

PLINE LE JEUNE, Ep. IV, 19, 2-3-4.

1. RENCONTRE AVEC UN « PATER FAMILIAS »

Quattuor robustos filios, quinque filias, tantam domum, tantas clientelas Appius regebat et caecus et senex. Intentum enim animum, tamquam arcum, habebat, nec languescens succumbebat senectuti. Tenebat non modo auctoritatem sed etiam imperium in suos : metuebant servi, verebantur liberi, carum omnes habebant.

CICÉRON, Sen. 37-38 (partim).

1. LA PAUVRETÉ ENGENDRE LA PAUVRETÉ

Semper pauper eris, si pauper es, Aemiliane :
dantur opes nullis nunc nisi divitibus.

MARTIAL, Epig. V, 81.

2. PLINE L'ANCIEN, UN SAVANT TRÈS OCCUPÉ

Sed erat acre ingenium, incredibile studium, summa vigilentia. Ante lucem ibat ad Vespasianum imperatorem. Reversus domum, quod reliquum temporis studiis reddebat. Post cibum saepe aestate iacebat in sole, liber legebatur, adnotabat excerpebatque... Post solem plerumque frigida lavabatur, deinde gustabat dormiebatque minimum... Studebat in cenae tempus. Super hanc liber legebatur, adnotabatur et quidem cursim.

PLINE LE JEUNE, Ep. III, 5, 8-11.

1. LE MALADE-COBAYE

Languebam ; sed tu comitatus ad me
    venisti centum, Symmache, discipulis.
Centum me tetigerunt manus aquilone gelatae.
    Non habui febrem, Symmache, nunc habeo.

MARTIAL, Epig. V, 9.

2. LA VEDETTE DE L'ARÈNE

In Circo Maximo venationis amplissimae pugna populo dabatur. Multae ibi saevientes ferae, magnitudine bestiarum excellentes, omniumque invisitata aut forma erat aut ferocia. Sed praeter alia omnia, leonum immanitas admirationi fuit, praeterque omnes ceteros unus. Is unus leo corporis impetu et vastitudine, terrificoque fremitu et sonoro, animos oculosque omnium in sese converterat.

AULU-GELLE, Noct. Att. V, 14 (partim).

1. PLINE LE JEUNE NOUS DÉCRIT SA MAISON DE CAMPAGNE

Villae in prima parte est atrium frugi, nec tamen sordidum ; deinde porticus sunt quibus parvola sed festiva area includitur... Mox triclinium satis pulchrum quod in litus excurrit. Undique valvas aut fenestras non minores valvis habet atque ita a lateribus, a fronte quasi tria maria prospectat ; a tergo silvas et longinquos montes. Triclinii a laeva cubiculum est amplum, deinde aliud minus quod altera fenestra admittit orientem, occidentem altera retinet...
Ex alio latere cubiculum est politissimum ; deinde vel cubiculum grande vel modica cenatio quae plurimo sole, plurimo mari lucet. Inde balnei cella... Hic turris erigitur sub qua cenatio est quae latissimum mare, longissimum litus, villas amoenissimas prospicit. Est et alia turris, in hac cubiculum ; lata post apotheca et horreum, sub hoc triclinium. Hortum et gestationem videt qua hortus includitur.
Hinc cryptoporticus est... Utrimque fenestrae, a mari plures, ab horto singulae. Ante cryptoporticum xystus violis odoratus. Magna iucunditas eius hieme, maior aestate...
Adplicitum est cubiculo hypocauston perexiguum.

PLINE LE JEUNE, Ep. II, 17 (partim).

2. LA MORT EST INJUSTE

Les inscriptions funéraires nous éclairent sur la vie quotidienne des Romains et nous apportent parfois de tristes témoignages :

DIS – MANIBUS ANIMAE INNOCENT. IUL. VALER. QUI VIXIT ANN. IIII M. VIII DIEBUS XXIII IUL. GLYCERUS ALUMNO DULCISSIMO	Diis Manibus animae innocentissimae Iulii Valerii, qui vixit annis IV, mensibus VIII, diebus XXIII. Iulus Glycerus alumno dulcissimo

D. M. ET MEMORIAE CL. VICTORIAE QUAE VIXIT ANN. X MENS. I – DIES XI CLAUDIA SEVERINA MATER FILIAE DULCISSIMAE ET SIBI VIVA FECIT SUB ASCIA DEDICAVIT	Diis Manibus et memoriae Claudiae Victoriae quae vixit annis X, mense I, diebus XI. Claudia Severina mater filiae dulcissimae et sibi viva fecit, sub Ascia dedicavit.

PERPETUAE QUIETI DOMITIO TATIANO INFANTI DULCISSIMO QUEM PRIMA AETATE FLORENTEM MORS DIRA SUBRIPUIT VIXIT ANN. III M. VI D. IXX AGRIPIN. DONATUS PATER ET IOVINA MATER FILIO CARISSIMO POSUERUNT	Perpetuae quieti Domitio Tatiano infanti dulcissimo quem prima aetate florentem mors dira subripuit. Vixit annis III mensibus VI, diebus XIX. Agripiniensis Donatus pater et Iovina mater filio carissimo posuerunt.

GERMER-DURAND, Inscriptions du Musée de Nîmes, Tome III, nos 331-291-328.

1. UNE MÈRE TROP HEUREUSE

Qua tempestate apud Cannas exercitus populi Romani caesus est, anus mater, nuntio de morte filii allato, luctu atque maerore affecta est. Sed is nuntius non verus fuit atque is adolescens non diu post ex ea pugna in Urbem rediit. Anus, repente filio viso, copia atque turba et quasi ruina incidentis inopinati gaudii oppressa exanimataque est.

AULU-GELLE, Noct. Att. III, 15 (partim).

2. UN VOYAGEUR AFFAMÉ

Itinere confecto, incommodo magis quam longo, in Albanum meum multa nocte perveni. Nihil habeo paratum. Non habet panem meus pistor : sed habet vilicus, sed habet atriensis, sed habet colonus. « Malum panem », inquis. Exspecta : bonus fiet ; etiam illum tenerum tibi et siligineum fames reddet.

SÉNÈQUE, Ad. Luc. 123, 1-2 (partim).

UNE JEUNESSE MOUVEMENTÉE

Caius Iulius Caesar, nobilissima genitus familia, annum agens sextum et decimum patrem amisit ; paulo post Corneliam duxit uxorem. Cum eius pater esset Syllae inimicus, Caesar bonis spoliatus est ; cum etiam ad necem quaereretur, mutata veste, nocte elapus est ex Urbe... Comprehensus a Syllae liberto, data pecunia, vix evasit.

LHOMOND, DE VIRIS, LX, 1 (partim).

1. MORTS INEXPLIQUÉES !

Nullis evidentibus causis obierunt hi : Cn. Bebius Tamphilus cum a puero quaesivisset horas. Aulus Pompeius in Capitolio, cum deos salutavisset. C. Servilius Pansa, cum staret in foro ad tabernam hora diei secunda. Ap. Saufeius cum a balneo reversus mulsum bibisset, ovumque sorberet. Decimus Saufeius scriba cum domi suae pranderet.

PLINE L'ANCIEN, Hist. Nat. VII, 54.

2. LA VEUVE DE NAÏM

Ibat Iesus in civitatem quae vocatur Naim et ibant cum eo discipuli eius et turba copiosa. Cum autem appropinquaret portae civitatis, ecce defunctus efferebatur, filius unicus matris suae : et haec vidua erat : et turba civitatis multa cum illa. Et eam cum vidisset dominus, misericordia motus super eam, dixit illi : « Noli flere ». Et accessit et tetigit loculum. Hi autem qui portabant steterunt. Et ait : « Adolescens, tibi dico : surge ! ». Et resedit qui erat mortuus et coepit loqui. Et dedit illum matri suae. Accepit autem omnes timor : et magnificabant Deum dicentes : « Quia propheta magnus surrexit in nobis et quia Deus visitavit plebem suam ».

LUC, VII, 11-16.

1. LE CHIEN QUI LÂCHE LA PROIE POUR L'OMBRE

Amittit merito proprium qui alienum appetit.
Canis per flumen carnem cum ferret natans,
Lympharum in speculo vidit simulacrum suum,
aliamque praedam ab alio cane ferri putans,
eripere voluit ; verum decepta aviditas est
et quem tenebat ore dimisit cibum
nec quem petebat adeo potuit tangere.

PHÈDRE, Fab. I, 4.

2. CHEZ LES PYGMÉES

Fama est Pygmaeos insidentes arietum caprarumque dorsis, armatos sagittis, veris tempore, universo agmine ad mare descendere et ova pullosque gruum consumere ; ternis mensibus eam expeditionem confici ; casas eorum luto pinnisque et ovorum putaminibus construi.

PLINE L'ANCIEN, Ibid. VII, 2, 26.

1. L'ORIGINE DES BELGES

Caesar audiit plerosque Belgas esse ortos ab Germanis, Rhenumque antiquitus traductos propter loci fertilitatem, ibi consedisse, Gallosque qui ea loca incolerent expulisse...

CÉSAR, B. G. II, 4, 1.

2. UN SERPENT D'UNE TAILLE INHABITUELLE

Tubero in Historiis scriptum reliquit, bello primo Punico Attilium Regulum consulem in Africa, castris apud Bagradam flumen positis, proelium grande atque acre fecisse adversus unum serpentem, in illis locis stabulantem, invisitatae immanitatis ; eumque, magna totius exercitus conflictione, ballistis atque catapultis diu oppugnatum esse ; eiusque interfecti corium longum pedes centum et viginti Romam misisse.

AULU-GELLE, Noct. Att. VI, 3.

Index

Étape	A	
7	abire, abeo, abi(v)i, abitum	s'en aller
11	abicere, io, abieci, abiectum	jeter loin, lancer
1	ac	et
5	Actium, i	Actium
4	addere, o, addidi, additum	ajouter
8	advolare, o	voler, surgir
5	Aegyptus, i	l'Égypte
10	Alexander, i	Alexandre
3	alibi	ailleurs
10	alte	profondément
3	altus, a, um	haut, élevé, profond
8	amittere, o, amisi, amissum	perdre
7	amor, amoris	l'amour
1	animal, animalis	l'animal, l'être vivant
7	ante (+ Acc.)	avant, devant
5	M. Antonius, i	Marc Antoine
4	appellare, o	appeler
5	apud (+ Acc.)	près de, chez
1	Aquitanus, i	l'Aquitain
8	argumentum, i	la preuve, la démonstration
4	Arvernus, i	l'Arverne
12	aspectus, us	le regard
5	aspis, aspidis	le serpent, l'aspic
12	assidue	sans cesse
6	atque	et
5	Augustus, i	Auguste
11	auspicium, i	l'auspice, le présage

Étape	B	
1	Belga, ae	le Belge
12	bene	bien
11	bibere, o, bibi, –	boire

Étape	C	
8	caedes, caedis	le massacre
12	canus, a, um	blanc, chenu
9	caput, capitis (N.)	la tête
8	casus, us	le malheur
11	cavea, ae	la cage
9	celebrare, o	répandre, rendre célèbre
1	Celta, ae	le Celte
4	Celtillus, i	Celtillus
10	cervix, cervicis	le cou
3	cinis, cineris (M.)	la cendre
4	civitas, civitatis	la cité
1	civilis, is, e	civil
11	clamare, o	crier
1	clarus, a, um	célèbre
11	classis, is	la flotte
12	Claudius, i	Claude
5	Cleopatra, ae	Cléopâtre
4	cliens, clientis	le client
7	cognoscere, o, cognovi, cognitum	connaître, reconnaître
12	collega, ae	le collègue
11	committere, o, commisi, commissum	engager
5	commovere, eo, commovi, commotum	déclencher, susciter
7	comploratio, complorationis	la lamentation
10	concidere, o, concidi, –	s'écrouler
6	condere, o, condidi, conditum	fonder
7	conficere, io, confeci, confectum	confectionner, achever
10	conicere, io, conieci, coniectum	jeter, lancer
3	coniux, coniugis	l'épouse, l'époux
4	consensus, us	l'accord
8	contemnere, o, contempsi, contemptum	mépriser
5	contra (+ Acc.)	contre
9	corona, ae	la couronne
9	coronare, o	couronner
3	creber, crebra, crebrum	fréquent
11	credere, o, credidi, creditum	croire
7	crinis, crinis (M.)	le cheveu
10	cuneus, i	le coin, le triangle de bataille
7	Curiatius, i	Curiace
10	cursus, us	la course

Étape	D	
11	damnatio, damnationis	la condamnation
4	deferre, defero, detuli, delatum	accorder
3	densus, a, um	dense, épais
7	desponsus, a, um	fiancé
12	dexter dext(e)ra, dext(e)rum	droit
9	Diagoras, ae	Diagoras
11	dicere, o, dixi, dictum	dire
3	dies, diei (M.)	le jour
1	differre, differo, distuli, dilatum	différer, être différent
4	diligentia, ae	l'ardeur, l'énergie
8	diripere, io, diripui, direptum	piller, arracher
1	divisus, a, um	divisé

Étape	E	
10	efferre, effero, extuli, elatum	faire sortir, emporter
9	efflare, o (animam)	rendre (l'âme)
6	eligere, o, elegi, electum	choisir
7	ire, eo, i(v)i, itum	aller
5	Epirus, i	l'Épire
5	etiam	aussi, même
6	ex (+ Abl.)	(hors) de, d'après, parmi
11	exire, exeo, exi(v)i, exitum	sortir
4	expellere, o, expuli, expulsum	chasser
12	explorare, o	s'informer
9	exspirare, o animam	rendre l'âme
10	exsanguis, is, e	exsangue, vidé de son sang
5	exstinguere, o, exstinxi, exstinctum	tuer
10	extra (+ Acc.)	en-dehors de

Étape	F	
12	facies, ei	l'aspect, la face
4	facile	facilement
7	ferox, –, – (ferocis)	fougueux, féroce
1	ferre, fero, tuli, latum	porter, supporter
8	ferrum, i	le fer, l'arme
6	finitimus, a, um	voisin
8	fiscus, i	le panier
7	flebiliter	en pleurant
8	flere, eo, flevi, fletum	pleurer
9	flos, floris	la fleur
7	frater, fratris	le frère
8	fructus, us	le fruit
3	fuga, ae	la fuite

Étape	G	
1	Gallia, ae	la Gaule
1	Gallicus, a, um	gaulois
1	Gallus, i	le Gaulois
8	gaudere, eo	se réjouir
7	gaudium, i	la joie
12	gens, gentis	la nation, la famille
12	genus, generis	la race, l'espèce
7	gerere, o, gessi, gestum	porter, faire
4	Gergovia, ae	Gergovie
4	Gobannitio, Gobannitionis	Gobannition
9	gratulabundus, a, um	qui félicite, enthousiaste
3	gravis, is, e	lourd, pénible
8	gravare, o	charger

Étape	H	
12	Hercules, is	Hercule
7	hinc	d'ici
9	historia, ae	l'histoire
7	Horatius, i	Horace
8	hordeum, i	l'orge
7	humerus, i	l'épaule

Étape	I	
9	iacere, io, ieci, iactum	jeter, lancer
3	iam	déjà
9	ibi	là

9	idem, eadem, idem	le même
8	igitur	donc
11	ignominia, ae	la honte, le déshonneur
3	illic	là-bas
10	illico	sur-le-champ, aussitôt
5	illustris, is, e	illustre
7	immaturus, a, um	qui n'est pas mûr, immature
10	immittere, o, immisi, immissum	lancer sur
1	immolare, o	immoler, sacrifier
4	imperium, i	le pouvoir suprême
3	incendium, i	l'incendie
12	incessus, us	la démarche
3	incidere, o, incidi, – (+DAT.)	tomber sur
10	Indicus, a, um	indien
5	ingens, –, – (ingentis)	immense
6	iniuria, ae	l'injustice
7	inquit	dit-il
10	insidere, eo, insedi, insessum	être assis sur
8	insidiae, arum	l'embuscade, le guet-apens
12	insolitus, a, um	inhabituel
9	inspectare, o	regarder
1	institutum, i	l'institution, l'organisation, la coutume
11	intellegere, o, intellexi, intellectum	comprendre
1	inter (+ *acc.*)	entre, parmi
3	interim	pendant ce temps
5	interimere, o, interemi, interemptum	tuer
6	invitare, o	inviter
5	ipse, ipsa, ipsum	lui-même, ... même
7	itaque	c'est pourquoi
11	iubere, eo, iussi, iussum	ordonner
11	Iunius, i	Iunius
7	iuvenis, iuvenis	le jeune homme

Étape L

12	labor, laboris	le travail, la peine, la souffrance
5	laborare, o	travailler, souffrir
8	laedere, o, laesi, laesum	blesser
8	latro, latronis	le brigand
3	latus, a, um	large
1	lex, legis	la loi
3	liberi, liberorum	les enfants
1	lingua, ae	la langue
9	luctator, luctatoris	le lutteur

Étape M

11	maiores, maiorum	les ancêtres
11	mare, maris	la mer
10	medius, a, um	qui est au milieu
3	metus, us	la crainte, la peur
1	Minerva, ae	Minerve
3	mons, montis (M.)	la montagne
10	moribundus, a, um	moribond
7	mortuus, a, um	mort
11	mos, moris	la coutume, l'habitude
7	movere, eo, movi, motum	ébranler, toucher
6	multitudo, multitudinis	la multitude, la foule
3	multus, a, um	nombreux, abondant
8	mulus, i	le mulet

Étape N

8	nam	en effet
11	narrare, o	raconter
6	natio, nationis	la nation
5	navalis, is, e	naval
8	nec = neque	et ... ne pas
8	neglegere, o, neglexi, neglectum	négliger
11	nescire, io, nesci(v)i, nescitum	ignorer
3	niger, nigra, nigrum	noir
8	nihil	rien
11	nolle, nolo, nolui, –	ne pas vouloir
6	nomen, nominis	le nom
6	nominare, o	nommer
3	noscitare, o	reconnaître
3	nox, noctis	la nuit

Étape		
12	novisse, novi	connaître
12	novus, a, um	nouveau, étrange
12	nullus, a, um	aucun... ne
8	nummus, i	la monnaie, la pièce
11	nuntiare, o	annoncer
3	nutare, o	pencher, s'incliner

Étape	O	
8	obnoxius, a, um	exposé à
4	obses, obsidis	l'otage
7	obvius, a, um esse (+ Dat.)	aller à la rencontre de
3	odor, odoris	l'odeur
9	Olympia, ae	Olympie
1	omnis, is, e	tout
8	opes, opum	les richesses
4	oppidum, i	la place forte
12	orbis, is (M.)	le cercle
5	Oriens, Orientis	le soleil levant, l'Orient
9	osculum, i	le baiser

Étape	P	
7	paludamentum, i	le manteau
9	pancratista, ae	le lutteur de pancrace
3	parentes, parentum	les parents
	patruus, i	l'oncle
8	pecunia, ae	l'argent
12	pererrare, o	aller ça et là
10	perfodere, io, perfodi, perfossum	transpercer
8	periculum, i	le danger
5	Persa, ae	le Perse
3	perseverare, o	continuer, persévérer
12	perturbare, o	troubler
12	pes, pedis (M.)	le pied
5	pestilentia, ae	la peste
11	petere, o, peti(v)i, petitum	demander
3	plures, es, a	plusieurs
7	Porta Capena, ae	la porte de Capène
4	potentia, ae	la puissance
4	praenuntius, a, um	annonciateur, précurseur
7	prae (+ Abl.)	devant
3	praevalere, eo, praevalui, –	dominer, prévaloir
11	praevenire, io, praeveni, praeventum	devancer
5	primus, a, um	premier
4	princeps, principis	le chef
7	princeps, –, – (principis)	premier
1	procurare, o	accomplir
5	proelium, i	le combat
4	prohibere, eo, prohibui, prohibitum	empêcher, écarter, chasser
10	prope	presque
6	propter (+ Acc.)	à cause de
7	puella, ae	la jeune fille
9	pugilis, is	le pugiliste
11	pullarius, i	le pullaire
11	pullus, i	le poulet
11	Punicus, a, um	punique
12	putare, o	penser

Étape	Q	
6	quia (+ Indic.)	parce que
12	quidam	quelqu'un

Étape	R	
6	rapere, io, rapui, raptum	enlever
6	recipere, io, recepi, receptum	recueillir
10	referre, refero, ret(t)uli, relatum	rapporter, ramener
5	regina, ae	la reine
5	regrediens, -, - (regredientis)	revenant
4	reliqui, ae, a	tous les autres
3	relucere, eo, reluxi, –	briller
9	res, rei	la chose
9	Rhodius, a, um	de Rhodes
6	Romulus, i	Romulus
3	rursus	à nouveau

Étape	S	
6	Sabinus, i	le Sabin

8	saccus, i	le sac
12	sane	certes, vraiment
8	sarcina, ae	le bagage, le paquet
8	sauciare, o	blesser
11	scire, scio, sci(v)i, scitum	savoir
6	senator, senatoris	le sénateur
6	senectus, senectutis	la vieillesse
6	senior, senioris	plus âgé
4	severitas, severitatis	la sévérité
12	sibi (dat.)	à lui, à elle
7	solvere, o, solvi, solutum	défaire, dénouer
7	soror, sororis	la sœur
8	spoliare, o	dépouiller
7	spolia, orum	les dépouilles de guerre, le butin
7	sponsus, i	le fiancé
9	stadium, i	le stade
12	statura, ae	la taille
7	stringere, o, strinxi, strictum	serrer, dégainer
8	subito	soudain
3	subitus, a, um	subit
3	sulpur, sulpuris (N.)	le soufre

Étape T

5	tamen	cependant
7	tantus, a, um	si grand
3	tectum, i	le toit, l'habitation
10	telum, i	le trait
11	tempestas, tempestatis	la tempête
3	tenebrae, arum	l'obscurité
5	tenere, eo, tenui, tentum	tenir, occuper, détenir
8	tenuitas, tenuitatis	la faiblesse, la pauvreté, l'insignifiance
12	terrestris, is, e	terrestre
1	tertius, a, um	troisième
12	tertius decimus, a, um	treizième
12	totus, a, um	tout entier
12	trahere, o, traxi, tractum	tirer, traîner
7	transfigere, o, transfixi, transfixum	transpercer
3	tremor, tremoris	le tremblement
1	tres, tres, tria	trois
7	trigeminus, a, um	triple
6	tum	alors
8	tumens, –, – (tumentis)	gonflé
8	tutus, a, um	sûr, en sécurité

Étape U

12	ullus, a, um	le moindre, aucun
9	undique	de tous côtés
1	unus, a, um	un seul
5	uxor, uxoris	l'épouse

Étape V

3	vastus, a, um	vaste, grand
5	venenum, i	le poison, le venin
4	Vercingetorix, Vercingetorigis	Vercingétorix
3	vertere, o, verti, versum	tourner, changer
3	Vesuvius, i	le Vésuve
6	vicinus, a, um	voisin
7	victoria, ae	la victoire
11	videre, eo, vidi, visum	voir
8	vilis, is, e	vil, sans valeur
5	vincere, o, vici, victum	vaincre
6	virgo, virginis	la jeune fille
10	vivax, –, – (vivacis)	rapide, vif
6	vocare, o	appeler
11	voluntarius, a, um	volontaire
3	vox, vocis	la voix